ご存じですか？「介護助手」のちから

［編著］

村山 洋史
東京都健康長寿医療センター研究所　研究副部長

藤原 佳典
東京都健康長寿医療センター研究所　副所長

東 憲太郎
公益社団法人 全国老人保健施設協会　会長

元気シニアが

介護現場の

人材不足を救う

はじめに

村山 洋史 東京都健康長寿医療センター研究所　研究副部長

　日本は、世界で最も高齢化が進んだ国の1つです。高齢化は介護の現場に大きな影響を与えます。「介護される側の増加」と「介護する側の不足」です。これを一気に解決する可能性があるのが、介護助手としてシニアを巻き込む方法です。

　人生100年時代と言われて久しいですが、セカンドライフのあり方は今や多様化しています。かつては、多くの人が「老後はゆっくり」と考えていたかもしれませんが、それは過去の話。高齢期に入っても働く人、働きたい人はかなりの勢いで増加しています。内閣府の調査では、就労している60歳以上の人の約8割は、「70歳を超えても就労したい」と回答しています。これからも働くことが主たる選択肢になっています。

　私たちの研究所では、毎年何万人ものシニアの方に調査をしています。シニアの方々の様子を見たり、お話を伺ったりしていると、全体として明らかに一昔前のシニアよりも身体機能が高く元気であり、かつ、様々なことに対して好奇心が旺盛です。「シニア＝支えられる存在」というステレオタイプはもはや古く、むしろ「支える存在」になれる方々がたくさんいます。

　本書では、そんな元気シニアに介護助手として活躍してもらう上で参考になるであろう、関連エビデンス、導入プロセス、事例を紹介しています。いわば介護助手導入に向けた指南書であり、私が知る限りではここまで詳細に記した書籍は他にありません。事例では、多くの自治体や施設にご協力をいただき、これまでの苦労や工夫を余す所なく教えていただきました。これから介護助手導入を考えている方々の強力な後押しになると思います。この場を借りてご協力への御礼を申し上げます。

　「シニアが介護現場の救世主になる」—これが高齢化先進国である日本で達成できれば、世界に胸を張って誇れるモデルになるはずです。本書をきっかけに介護助手の導入を検討していただける自治体、施設が増えることを願っています。

目　次

はじめに……………………………………………………………………… 3

〈プロローグ〉

　介護助手に助けられています ………………………………………… 6

　これが介護助手の仕事時計です ……………………………………… 8

　【DATA＆資料】介護業務・周辺業務一覧 ………………………… 10

▌第1章　全国に広がる介護助手 ………………………………… 11

　介護現場の質の向上に欠かせない「介護助手」………………… 12

　元気シニアの介護助手が"四方よし"の現場を生む …………… 14

　全国に広がる「介護助手」…………………………………………… 16

　介護助手等普及推進員の配置について ………………………… 18

　【DATA＆資料】社会保障審議会介護保険部会資料から …… 20

▌第2章　調査結果に見る「介護助手導入の効果」

相良友哉・高瀬麻以・村山洋史　21

　調査結果が証明
　　介護職員が感じているメリット …………………………………… 22

　調査結果が証明
　　職員のバーンアウトリスクが軽減 ……………………………… 24

　施設長・施設管理職の目から
　　（介護老人保健施設やすらぎ　小川勝） …………………… 26
　　（介護老人福祉施設もみじ　中沼孝博） …………………… 27
　　（グループホーム古街の家　茂木建一） …………………… 27
　　（介護付有料老人ホームサクラビア成城　宮内文久） … 28

　【DATA＆資料】見えてきた、施設全体の変化 …………………… 28

▌第3章　でもなぜシニア？ ………………………………………… 29

　元気シニアの"就労意欲"と"社会のニーズ"が一致するから ……… 30

　シニアならではの"強み"と"魅力"があるから ………………… 32

　元気シニアの活躍は、この国の未来の希望 …………………… 34

　【DATA＆資料】介護職の仕事と介護助手の仕事 …………… 36

　【DATA＆資料】高年齢介護助手導入の理由 ………………… 36

▌**第4章　これが介護助手導入の手順** ……………………… 37

元気シニア導入のプロセス ……………………………………………… 38

【DATA＆資料】介護助手の継続要因 ………………………………… 42

▌**第5章　ケースに学ぶ「介護助手」導入、成功の秘訣** ……43

CASE1　特別養護老人ホーム　和心
　　　　未経験、無資格でもプロの働き手として大切な戦力に ……………… 44

CASE2　介護老人福祉施設　梅香の里
　　　　修理、ものづくり、庭仕事…アクティブシニアが大活躍！ ………… 46

CASE3　小規模多機能型居宅介護施設　ひつじ雲
　　　　"あの人、いいんじゃない？"
　　　　着実に築いてきた地域ネットワークを活用！ ……………………… 48

CASE4　社会福祉法人　ライフ・タイム・福島
　　　　まずは初任者研修を無料で！
　　　　技術や経験を生かしてシニアの"働きがい"を創造 ………………… 50

成功の秘訣は、業務の切り出しテクと人の活かし方
〈スケッター〉に学ぶ、人と仕事のマッチング術 ………………………… 52

令和時代における互助インフラの構築を目指して ……………………… 56

▌**第6章　私たちのまちの介護助手** ……………………………57

東京都八王子市
　　介護助手等に特化した就職フェアを実施 …………………………… 58

兵庫県宝塚市＆大阪府摂津市などへの波及
　　市民目線による工夫で広がる高齢者就労のカタチ ………………… 60

千葉県柏市
　　きめ細やかなマッチングでシニアと介護事業者をつなぐ …………… 64

福岡県
　　介護現場におけるチームケア実践力向上推進事業 ………………… 66

長野県
　　県内の「実態調査」から始めた、介護助手対策を展開中 …………… 68

三重県
　　8年間にわたる介護助手の導入実績から、さらなるステップへ ……… 70

おわりに …………………………………………………………………… 72

〈プロローグ1〉
介護助手に
助けられています

「介護助手のちから」を理解、納得、実感していただくために、
ここに取り上げたコメントは、すべて介護現場からの生の声です。
介護助手導入による介護現場の変化等を調べた
これまでの4つの調査研究事業の報告書資料※（P2）からの抜粋です（一部改変）。
本書の第1～6章では、「介護助手のちから」について
さらに多方面からご紹介をしていますが、
まずは現場が感じている"介護助手パワー"に触れてみてください！

※出典：資料（P2）別に、以下のように色分け
青丸（資料①）、緑丸（資料②）、桃色丸（資料④）、黄色丸（資料⑤）

周辺業務という
手のかかる仕事に
こそ、丁寧に
取り組んでいただき
助かっている

利用者と年齢の
近い介護助手が多く、
両者の間で会話が
弾み笑顔も見られる
ようになった

介護助手の
仕事ぶりによって、
利用者や介護職員から
「ありがとう」という
自然な声かけが
生まれた

介護助手の
自然な振る舞いが、
利用者の見守りや
若い職員への良い刺激に
なっている

介護助手の
存在によって
介護職員には
仕事に対する
精神的な余裕が
生まれている

介護補助職がいることで、時間限定正社員が家庭との両立を図れるので精神的に安定し、利用者とのコミュニケーションも良好なケースが多い

ほとんどの施設で既存の職員の負担が減り、精神的な余裕ができたことが明らかになった

全体的に時間に余裕が出てきたことにより、職員間で気を遣う言葉も出るようになった

介護助手等の受け入れによって、職員同士の声かけが活発になったり、相手を配慮する場面もあったりと、施設の雰囲気を良くしている

アクティブシニアが、職員や利用者の輪をとりもっている

介護助手等が仕事に慣れるにつれ、利用者と触れ合う機会が増え、利用者とともに笑顔で過ごす場面が多く見受けられ嬉しい

仕事にまじめに取り組んでいただく姿から職員に感謝の気持ちが生まれ、感謝の言葉が自然に出るようになった

環境整備（清掃業務など）、介護職員は他業務を優先するため、行き届かなかった部分も丁寧に行っていただいている

認知症の利用者がいきなり動き出したり、ふらつきのある方が突然立ち上がる等の動きに、見守り専任スタッフがいることで対応できるようになった

介護助手等は施設の職員でありながら第三者的な立場もあり、外部の人に見られているという刺激にもなる

居室の掃除に手がまわらなかったが、とても綺麗になり助かっている

<プロローグ2>
これが介護助手の
仕事時計です

無理のないペースで続けたい。暮らしの中の空き時間だけ手伝いたい。
多様な意向に上手く対応しているのが、介護助手の労働環境です。
生活スタイルに合わせた短時間労働が、多くの介護助手の仕事時計です。
働く側の希望と、介護現場の特に忙しい時間との組み合わせや、
手が回らない仕事との組み合わせが介護職場の質の向上に役立っています。

Aさん（67歳・女性）

●早起きなので、朝のうちだけ仕事して、午後は
　ゆっくり買い物や趣味の時間に。朝からきちん
　と仕事に出かけるほうが、1日をしゃきっと過ご
　せてよい。

AM6:00〜AM10:00

Bさん（68歳・男性）

●町内会の役割もあるので、ドライバーとして週
　2日だけ勤務。昼休み以外で手が空いている時
　は、なんでもヘルプ。気がついたこと、目につい
　たことを率先してやらせてもらっている。

AM8:00〜PM5:00

早朝や夕方、休日でも働けるシニア層。
昼前後がよい子育て層や、孫の面倒をみているシニア層。
週数日ならトータルに働ける若年層やミドル層。
様々な世代の「多様な働き方」に合わせた柔軟な人材配置も
介護助手等の活用のポイントになってきています。

Cさん（69歳・女性）

- 午前中は体操教室に通っているので、午後だけ。子どもは独立、夫も亡くなり1人暮らしで、もう家の夕飯づくりに追われないので、夕飯の時間でも大丈夫。

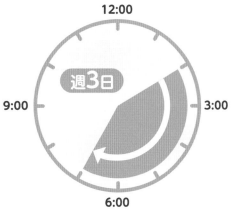

PM2:00〜PM7:00

Dさん（72歳・男性）

- 初めは早朝からの週3日だったのが、夕方も頼まれ、特に用はないので週2日だけ夕飯時の手伝いもしている。

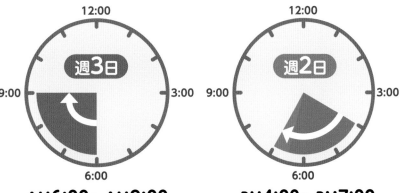

AM6:00〜AM9:00　　PM4:00〜PM7:00

Eさん（70歳・女性）

- 少しまとまった収入もほしいけれど、長時間は自信がないので、朝の日と夕方の日を設定してもらった。

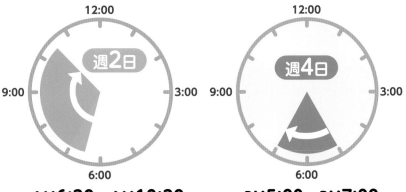

AM6:30〜AM10:30　　PM5:00〜PM7:00

介護業務・周辺業務一覧

起床
1. 声掛け
2. 体位変換
3. 起居の介助
4. 歩行の介助
5. 車いす等への移乗の介助
6. 車いす等の移動の介助
7. トイレ誘導
8. 着替え
9. 整容(洗面、整髪等)
10. 顔の清拭
11. 義歯装着

居室清掃
12. 換気
13. 床掃除
14. トイレ清掃
15. シーツ交換・ベッドメイク
16. ゴミ捨て
17. 物品補充

食事(おやつ)
18. 机上清掃
19. おしぼり配布
20. 自助具等配布
21. トロミ付け
22. 起居の介助
23. 歩行の介助
24. 車いす等への移乗の介助
25. 車いす等の移動の介助
26. 食堂誘導
27. 配茶
28. 食事介助
29. 食事量確認
30. 服薬確認
31. 配膳
32. 下膳
33. 自助具等洗浄
34. 口腔ケア
35. 義歯洗浄

フロア・共有部洗浄
36. 換気
37. 床掃除
38. トイレ清掃
39. 手すり拭き
40. ゴミ捨て
41. 物品補充・管理
42. お知らせ等の掲示物の管理
43. 車いすや歩行器等福祉用具の点検・管理

入浴
44. 湯はり
45. 浴室誘導
46. 起居の介助
47. 歩行の介助
48. 車いす等への移乗の介助
49. 車いす等の移動の介助
50. 脱衣
51. 手浴の介助
52. 足浴の介助
53. 入浴の介助
54. 身体清拭
55. 薬塗布
56. 着衣
57. ドライヤーかけ
58. 水分補給
59. 誘導
60. 浴室清掃
61. 物品補充

排泄
62. 声掛け
63. 起居の介助
64. 歩行の介助
65. 車いす等への移乗の介助
66. 車いす等の移動の介助
67. トイレ・ポータブルトイレでの排泄介助
68. トイレ(ポータブル)清掃
69. おむつ交換
70. 尿器・便器を用いた介助

洗濯
71. 洗濯・乾燥
72. 洗濯物のたたみ
73. 洗濯物の返却・片付け
74. おしぼりづくり、セット

維持管理
75. 車両清掃
76. 植栽管理(水やり)
77. 備品チェック

レクリエーション
78. 企画
79. 準備(準備・レイアウト変更)
80. 誘導
81. 起居の介助
82. 歩行の介助
83. 車いす等への移乗の介助
84. 車いす等の移動の介助
85. 進行(講師)
86. サポート
87. 誘導
88. 片付け

就寝介助
89. トイレ清掃
90. 着換え
91. 翌日分着換え準備

記録・申し送り
92. 食事や排泄等チェックリスト等による記録・報告
93. 指示を受けた内容に対する報告
94. 日誌やケアプラン等の記録および確認
95. 申し送りによる情報共有

その他
96. 車いすや歩行器等福祉用具の点検・管理
97. 見守り・コミュニケーション
98. 機能訓練の補助や見守り
99. 利用者特性に応じた対応(認知症、障害等)
100. 緊急時・事故発見時の常勤職員の呼び出し
101. その他

※P2資料④より

第 1 章

全国に広がる介護助手

介護現場の質の向上に欠かせない「介護助手」

公益社団法人 全国老人保健施設協会 会長 **東 憲太郎**

■ 介護助手の導入で職員の離職を減らす

　介護現場で人材の確保が課題となっているなか、全国の老健（介護老人保健施設）で力を入れて取り組んでいるのが介護助手の採用です。平成27年に三重県の基金を活用し、元気シニアを施設の働き手として採用する「元気高齢者『介護助手』モデル事業」として本格的に導入しました。今では全国の老健で多くの介護助手が活躍しています。その半数以上が60〜70代を中心とした元気シニアです。

　介護助手事業の目的の一つは、オーバーワークにより肉体的・精神的に疲弊している介護職員の負担を少しでも軽減させ、働きやすい環境を整えて定着率を上げることです。

　以前は忙しさによるストレスからバーンアウトし、離職してしまう職員もいましたが、介護助手をいち早く導入した三重県の「いこいの森」では、そのような理由の離職者はほとんどいなくなりました。導

介護助手導入による離職率の変化
〈参考〉（三重県）

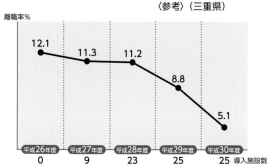

離職率%

	平成26年度	平成27年度	平成28年度	平成29年度	平成30年度	
	12.1	11.3	11.2	8.8	5.1	
導入施設数	0	9	23	25	25	

※上記は2015〜2019年の三重県で介護助手を導入した施設全体の離職率の変化です。
※P2資料①より

入直後は介護助手さんが疲れて休職する人もいましたが、1〜2カ月で復職し、その後は元気に働いています。周辺業務を切り分けたことで、介護職員の残業が減り、有給休暇も取得でき、働きやすい環境に改善したと考えています。

　また、導入している介護助手の数が多いほど、施設にとっては明確なメリットが表れているようです。

　「職員に余裕が生まれ、利用者にかかわれる時間が増えるのでリスクの軽減につながり、さらに専門職としての自覚が強くなりスキルを磨く気持ちが育つので、ケアの質が向上した」と多くのアンケートからこのような答えが得られることは、本書のあちこちで発信している通りです。

■ 元気シニアがいつまでも元気で、社会の力になる時代になった

　今のシニアは昔のシニアより、断然元気。これは誰もが認める事実です。体力も知力も人間力もあるシニア層のほとんどは、まだまだ何らかのかたちで、無理ない範囲なら働きたいと思っています。しかも就労は、身体機能の維持や認知症予防になり、いつまでも元気でいるための介護予防に効果的なことが多くの研究からわかっています。

　それなら、「介護予防にもなるし、家でぶらぶらしているより収入の足しにもなるので、介護のお手伝いをしませんか？」と誘いかければいい。そう思うかもしれませんが、それではシニアはなかなか動きません。まして、介護なんてきつい仕事には……。

　三重県が初めて介護助手を募集したときも、「地域のために社会貢献しませんか」という主旨を込

元気高齢者であってほしい理由

社会貢献	直面している超高齢社会の主体である高齢者自身がその問題解決の一助となる
介護予防	介護予防の効果
将来のための知識の獲得	介護現場を知ってもらい、将来の参考にしてほしい

三重県が介護助手導入に舵を切った時の募集チラシ。「『モデル事業』に参加しませんか?」というコピーが元気シニアに、試しにやってみようかという気持ちを生んだ。

めたチラシでした。

「超高齢化社会を自分たちで支える『モデル事業』に参加しませんか?」という誘い方が地域の元気シニアの心に響いたのです。同様のモデル事業を導入しても、人が集まらず失敗した他自治体の話を聞くと、募集が『就労のすすめ』だったところが多いようです。

自分たちの超高齢社会を自分たちで支える、その意識こそが生きがいになり、元気の素になる介護助手は、これからの社会デザインのモデルともいえるのではないでしょうか。

攻めと守りの両サイドを築く人材戦略が重要

介護人材の確保には、外国人雇用や現場を離れている介護福祉士の掘り起こし、他業界から介護への参入促進など、新規人材を確保することもますます重要な対策です。その一方で、ICTやロボットの導入、介護助手導入など、現在働いている職員の負担を軽くしてサポートする対策も欠かせません。長い目でこの業界を捉えたときの前者は「攻め」の戦略、後者は安定的職場環境で離職を防ぐ「守り」の戦略です。

しかし、ここ数年のコロナ禍や円安の影響で外国人人材は減少傾向。一方、ICTや介護ロボットの導入は相応の規模でないと難しく、すぐに人材不足を

解消できる策にはなり得ません。喫緊の人材不足に対応する即効性を考えれば、元気シニアを活用した介護助手が効果的なことは言うまでもありません。

介護は人に寄り添うサービス業です。人は人で癒やされるもの。人生経験豊かなシニアがそばにいてくれることは、利用者にとっても介護職員にとっても、単なる労働力以上のメリットをもたらします。これこそが介護助手のちからです。

国の基金を活用し、多様な働き方による介護助手の普及を

三重県による介護助手導入モデル事業が始まってからすでに8年が経ちました。しかし、まだ介護助手の普及は自治体ごとに濃淡様々です。令和元年度からは国庫補助金事業として、令和3年度からは「介護現場における多様な働き方導入モデル事業」として基金で行える事業になったにもかかわらず、初年度の令和3年にこの基金を活用した都道府県は8府県しかありませんでした。

さらに令和4年度からは、各都道府県に介護助手等普及推進員を配置するように予算化されました。しかし、これらの周知も十分とは言えません。

介護助手が実際にどのような仕事をし、どうすれば人が集まるのか、現場ではどの程度の実効性が認められているのかなど、まだまだ広く知ってもらわなければなりません。

(本書P18〜20で「地域医療介護総合確保基金」を活用する「介護現場における『多様な働き方』導入モデル事業」について解説しています。ご参照ください)

元気シニアの介護助手が "四方よし" の現場を生む

東京都健康長寿医療センター研究所　副所長　**藤原　佳典**

シニアに "よし"

生きがいを目的とした就労はココロの健康につながる

　シニア世代の社会参加には、仕事、ボランティア、地域活動など様々なかたちがありますが、少子高齢化が大きな社会問題の今、シニアの就労への期待が高まっています。ボランティアに参加されているシニアも多くいますが、ニーズが一致しないとボランティアは受け入れ側の負担になることもあります。また、シニアにとっても社会参加のかたちとして、ボランティアよりも就労という方が増えています。

　就労には、収入を得るだけではなく、社会とのつながりや生きがいをストレートに感じやすいというメリットもあるようです。働いているシニア945人を対象に、就労目的と2年後の健康悪化リスクの関連性について調査したところ、「生きがい」を目的にした人に比べると、「お金のみ」を目的とした人は「主観的な健康感の悪化リスク」が約1.5倍高いことがわかりました（下図）。シニアにとっては収入だけでなく、生きがいをもって働くことが本人の健康維持に重要なことがこのデータからわかります。

　シニアが仕事をすることで若い人の仕事を奪うのではないかと懸念する声もありますが、生活のためのお金を稼ぎ、スキルアップのためにフルタイムで働く方と、生きがいや社会参加のために短時間だけ、できることだけに範囲を絞って働くシニアでは、就労目的や仕事のやり方も変わるので、実際には問題になっている例はみあたりません。

若者に "よし"

世代間交流による若いスタッフへの好影響

　シニアが介護助手として働くことは、若い世代の介護スタッフにとって業務負担が減るということ以外にもメリットがあります。自分たちと年が離れたシニアがいることで、施設内の人間関係が円滑になるという話もよく聞きます。

　同じような世代が同じような仕事を長時間一緒にしていると、案外お互いのアラが目立ちギクシャクすることがありますが、そこはシニアがクッションになります。若いスタッフと雑談をしたり、ときには悩みやグチを聞いたりして、職場の雰囲気が和やかになるようです。

　もちろんシニアにとっても、若いスタッフに頼られることは自己肯定感も仕事の張り合いも強くなり、生きがいを感じながら仕事を続けることができます。

　これは「世代間交流」の好事例ともいえます。自分と違う世代の人と交流することが、シニアにとっても20～40代の若い世代にとっても、心の健康に

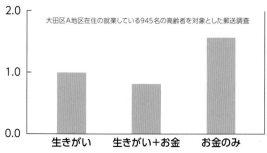

就労の目的別主観的健康感悪化のリスク

大田区A地区在住の就業している945名の高齢者を対象とした郵送調査

出典：Nemoto et al., Geriatr Gerontol Int. 2020;20:745-751

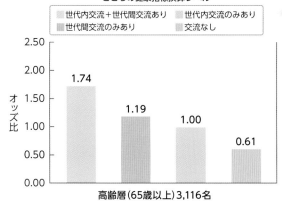

世代間交流は健康に良い！

こころの健康指標換算レベル

凡例：
- 世代内交流＋世代間交流あり
- 世代内交流のみあり
- 世代間交流のみあり
- 交流なし

（オッズ比）

- 1.74
- 1.19
- 1.00
- 0.61

高齢層（65歳以上）3,116名

出典：根本裕太ほか．若年層と高年層における世代内/世代間交流と精神的健康状態との関連．日本公衆衛生雑誌. 2018; 65: 719-729.

グラフの数字は、世代内交流（自分と同じ世代とだけ交流がある人）を1.0とした場合の、「こころの健康（WHO-5）」が良好である倍率です。

いい影響を及ぼしているということが私たちの研究所の調査でわかっています（上図）。

離職率の高さが介護現場の問題とされてきましたが、その主な原因のひとつは、人間関係といわれています。職場に介護助手のシニア層が加わることで、周辺の雑務が減って職員の仕事がラクになることだけでなく、人間関係によるストレスを減らすことにつながっているといえるでしょう。

利用者に "よし"
人間関係がいい施設は利用者たちも居心地がいい

ケアしてくれるスタッフの心の健康は、利用者にとって重要な暮らしの条件です。忙しさとストレスでイライラしている職員と、笑顔で接してくれる職員とでは、その日の施設内の空気が違います。利用者にとっては、安心していられる場所であることが一番大事なのですから。しかも心に余裕があり、優しい気持ちでゆっくりとケアしてくれる環境なら、利用者の気持ちも穏やかでいられるはずです。

地域に "よし"
シニアのコミュニティが施設と地域との関わりを深める

シニアが就労するもう一つのメリットは、地域とのつながりです。介護助手になるシニアは施設から徒歩や自転車で通える近所の方々がほとんどです。今は元気に働いている方も、いずれは施設の利用者となるかもしれません。「いつか自分がお世話になるならこの施設がいい」と思えるような職場であれば、将来の優良な顧客になります。また、施設で働いているシニアの周囲に入所先を探している知り合いがいれば、口コミがなにより有力な情報源になります。介護助手として働きながら、そこがいい施設だと思っていれば、その情報が自然と地域にも広まっていくでしょう。

"四方よし" が
介護現場を元気にする！

シニア自身にも、一緒に働く若い世代にも、施設の利用者にも、そして地域にも、"四方よし"の魔法のちからをもつ介護助手。調査によるとシニアの介護助手と頻繁に接している職員ほど、介護助手への評価も高く、業務負担が減り、人間関係がよくなり、自分の専門業務に集中できるようになったと感じています。介護の仕事に愛着とプライドを持って働く介護職がたくさんいる現場。それが介護現場を元気に明るくしてくれることは、想像に難くありません。

全国に広がる「介護助手」

東京都健康長寿医療センター研究所
社会参加とヘルシーエイジング研究チーム 研究副部長 村山 洋史

初の導入から5年で全都道府県に

シニア層介護助手はどのくらい広がっているのでしょうか。ここでは、令和2年度老人保健健康増進等事業「介護老人保健施設等における業務改善に関する調査研究事業報告書」のデータを用いながら、全国のシニア層介護助手導入の傾向をみていきます。

調査は、公益社団法人全国老人保健施設協会の正会員施設（以下、会員施設）の全数3,591施設にFAXで行い、2,170施設から回答を得ました（回収率60.4%）。調査票では、「介護助手の導入の有無」、導入している場合には「雇用している介護助手の人数」および「年代別内訳（59歳以下と60歳以上の介護助手の人数）」をたずねました。

介護助手を導入していると回答した施設は1,369施設であり、会員施設を分母とすると導入割合は38.1%でした。このうち、60歳以上のシニア層介護助手に限定すると、導入施設は1,138施設、導入割合は31.7%でした。シニア層介護助手を雇用している施設に限定して集計してみると、施設あたりの雇用人数の平均は3.7人（標準偏差：3.2、中央値：3、範囲：1-32）でした。

すべての都道府県で、シニア層介護助手が導入されていました。図1は、シニア層介護助手の導入割合によって均等な4つのグループに分け、それぞれに色を付けたものです。濃い色ほど導入割合が高いことを示します。中部地方、近畿地方あたりで濃い色が多いように見えますが、地方区分による統計学的に有意な導入割合の違いは認められませんでした。

また、都道府県の特性と導入割合の関連を調べてみました。人口密度との相関係数は−0.10、高齢化率との相関係数は−0.08であり、ほぼ相関していないという結果でした。

地方部ほど導入割合にバラつきがある

ということは、人口密度や高齢化率によらず、全国一律にシニア層介護助手は広まっているということなのでしょうか。実はそうではありません。図2は、横軸に会員施設数、縦軸にシニア層介護助手の導入割合をとり、都道府県をプロットしたものです。

導入割合が高いのは、鳥取県（58.3%）、三重県（51.6%）、奈良県（51.0%）でした。会員施設数が多い都道府県、つまり大都市部での導入割合は概ね全国平均あたりに集中していますが、会員施設数が少ない都道府県、つまり地方部では導入割合に開きがみられました。都市度によって、シニア層介護助手導入割合の傾向には違いがあるのです。

地域や施設の特性に合った導入策を見つける次のステップへ

全国で導入されているシニア層介護助手ですが、都道府県や市区町村によって、介護助手の周知や導入への道筋の立て方が違います。上手くいっている導入事例を全国レベルで共有し、自分たちの地域や施設の特性に合った方法を探っていくことが、さらに介護助手を普及する次のステップでしょう。

● 図1　シニア層の介護助手導入割合の分布 ●

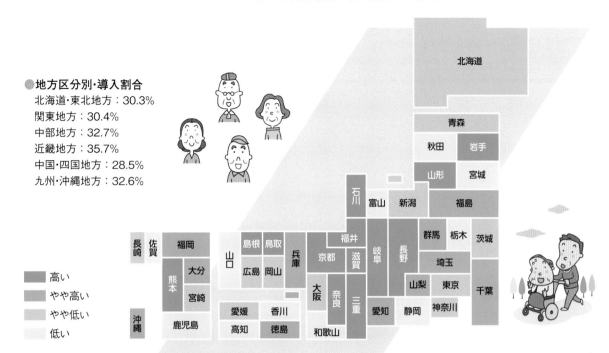

●地方区分別・導入割合
　北海道・東北地方：30.3%
　関東地方：30.4%
　中部地方：32.7%
　近畿地方：35.7%
　中国・四国地方：28.5%
　九州・沖縄地方：32.6%

　　高い
　　やや高い
　　やや低い
　　低い

●シニア層介護助手の定義
　本書では、以下の3点を満たす者と操作的に定義しています。
　1. 施設と直接の雇用関係にある（有償ボランティアや委託業者の職員は除く）。
　2. 介護職員との役割分担により、利用者の身体に接することのない周辺業務*のみを担っている。
　　＊ベッドメイキング、食事の配膳、清掃、送迎など。調理従事者やリハビリ助手は、介護職員の補助ではないため含めない。
　3. 1、2を満たす者のうち年齢が60歳以上の者。

● 図2　都道府県別に導入率には大きな差が！●

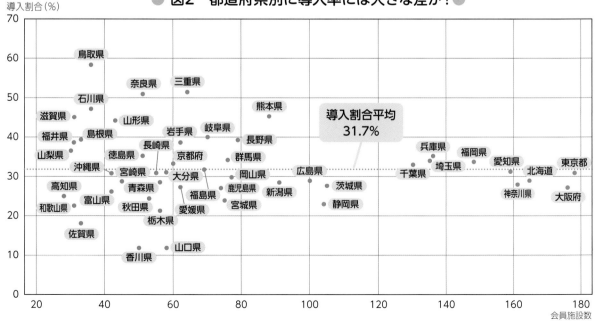

導入割合（%）

導入割合平均
31.7%

会員施設数

介護助手等普及推進員の
配置について

■ 厚生労働省はさらなる
介護人材確保戦略を推進中

　厚生労働省は、さらなる介護人材の参入促進、資質の向上、労働環境・処遇の改善を図るために、様々な施策を行っています。たとえば、介護未経験者向けに、介護に関する基礎知識や技術を習得できる「介護に関する入門的研修」を受けられる機会を増やし、研修終了後の職場のマッチングまでを含めた一体的支援に対する助成を行っています。また、令和4年度からは、新たな取り組みとして、「介護助手等普及推進事業」にも本格的に着手しました。

■ 人材の掘り起こしと就労先の
開拓を同時に行う推進員を配置

　各都道府県の福祉人材センターに「介護助手等普及推進員」を配置し、元気シニアや主婦層、離職した介護職経験者などの介護現場への参入を促進し、職員のケアの質の向上や業務負担の軽減など労働環境の改善を図る取り組みの推進が提示されています。
　これらの取り組みを実施するにあたり、地域医療介護総合確保基金を活用することができ、都道府県の裁量で、令和3年度に創設された「介護現場における多様な働き方導入モデル事業」と組み合せた実施も可能になりました。
〈介護助手等普及推進員が行うこと（例）〉
●介護助手を受け入れる事業所等への働きかけ
●介護現場における専門職と介護助手が担う周辺業務の切り分けについて助言
●介護助手のステップアップの手法について助言
●地域内の様々な窓口（社会福祉協議会、シルバー人材センター、ハローワーク、その他の就労支援組織等）を巡回して、介護助手についての説明と求人への応募を促す

　このような具体的なアドバイスをするため、現場経験があり、介護施設内における業務や職員の動きを把握し、施設ごとの特性に合わせた周辺業務を切り分けることができる人で、介護事業所に対して、介護助手のステップアップ等についての手法を提案できる人材が求められます。

▼取組事例集

令和3年度　厚生労働省　老人保健健康増進等事業

介護現場における「多様な働き方」取組事例集

有資格者の兼業・副業	未経験者による介護助手等	職務限定正社員
勤務時間限定正社員	アクティブシニアによる介護助手等	生活・自立支援を兼ねた働き方
週休3日10時間制	時間・シフト限定正社員	団体で取り組む介護助手等

令和4年3月
株式会社エヌ・ティ・ティ・データ経営研究所

介護助手を導入している事例集。新たなモデル事業検討の参考に。

※P2資料⑤より

● 介護助手の担い手と職場をつなぐ役 ●

受け入れ側の開拓
介護施設・事業所等

都道府県
福祉人材センター
マッチング

参入側の開拓
- 市町村社会福祉協議会
- 通いの場
- 子育て支援の場 など

高齢者　　子育て層

市町村（自立相談支援機関等）など

相談者

介護助手等普及推進員

- 介護助手を受け入れる事務所等への働きかけ
- 介護現場における専門職と介護助手との機能分化と、周辺業務の切り分け
- 介護助手のステップアップ手法の助言や、介護助手等求人の働きかけ

- 上記の場所等に訪れる人々に、介護助手等として介護現場の就労に向けた働きかけを行う

地域医療介護総合確保基金の積極的な活用で、
介護助手活躍による介護職場環境向上を継続的な事業に!

令和5年度予算：公費で1,763億円
（医療分1,029億円、介護分734億円）

国 消費税財源活用

交付 ／ 提出

都道府県
基　金
※国と都道府県の負担割合
2／3、1／3

都道府県計画
（基金事業計画）

交付 ／ 提出

市町村 市町村計画
（基金事業計画）

交付 ／ 申請

申請 ／ 交付

事業者等 （医療機関、介護サービス事業所等）

　介護助手の効果的、効率的な導入に向けて、自治体は地域医療介護総合確保基金を活用し事業を進めることができます。令和元～2年度は、国庫補助として介護施設における周辺業務の分類や切り分けと、その実践についてモデル事業が行われました。令和3年度からは基金事業へ移行し、事業の継続実施が可能な体制になりました。

　基金事業では、雇用から育成・定着までを一体的に実施することが可能です。介護助手のマッチング等を担う「介護助手等普及推進員」の配置をはじめ、就労を希望する高齢者に対して周辺業務についてのOJT研修や就職後の定着支援にかかる費用など、様々な活用ができます。

医療と介護の一体的な改革｜厚生労働省 (mhlw.go.jp)
地域医療介護総合確保基金
https://www.mhlw.go.jp/stf/seisakunitsuite/bunya/0000060713.html

社会保障審議会介護保険部会（第99回）資料から

（令和4年10月17日）

2　地域医療介護総合確保基金を活用した取組の推進について

（1）現状・課題

・　2015年度から、消費税財源を活用し、地域の実情に応じた総合的・計画的な介護人材確保対策を推進するため、各都道府県に設置した地域医療介護総合確保基金を活用した、介護人材の「参入促進」、「資質の向上」、「労働環境・処遇の改善」を図るための多様な取組を支援しているところであり、令和4年度予算（案）においても、137億円（国費）を確保し、引き続き都道府県の取組を支援していく。

（2）令和4年度の取組

○令和4年度予算（案）においては、以下の事業を新たにメニューに位置付けることとしている。

・介護助手等普及推進事業（新規）

　都道府県福祉人材センターに「介護助手等普及推進員（仮称）」を配置し、市町村社会福祉協議会等を巡回して周知活動を行い、介護助手等希望者の掘り起こしを行うとともに、介護事業所への介護助手等の導入の働きかけを行うことにより、都道府県福祉人材センターの各地域における活動を強化する。

・地域における介護の仕事魅力発信事業（位置づけの変更）

　これまで福祉・介護の魅力発信は、国では魅力発信等事業として、都道府県では、基金事業の「地域住民や学校の生徒に対する介護や介護の仕事の理解促進事業」（以下「理解促進事業」。）として、それぞれ実施してきたところであるが、令和4年度から、「理解促進事業」を「地域における介護のしごと魅力発信事業」とし、国が実施する魅力発信等事業との有機的連携を図ることにより、国民に対する介護の魅力向上や理解促進に向けた取組を一層推進し、介護職の社会的評価の向上及び多様な人材の参入促進・定着を図っていくこととしたい。

（3）依頼・連絡事項

・　介護助手等普及推進の取組に際して、「介護助手等普及推進員（仮称）」を配置して実施する場合、当該配置に要する費用について地域医療介護総合確保基金を活用することができるため、各都道府県においては、必要な措置を講じられたい。また、令和3年度創設の「介護現場における多様な働き方導入モデル事業」は、介護助手等の導入をモデル的に実施することも可能であるので、本事業と併せて活用することも検討されたい。

・　今年度も多くの都道府県において実施されているところであるが、引き続き「地域における介護のしごと魅力発信事業」として実施を図るとともに、新規事業の創設や既存事業の充実等、事業の更なる展開について検討されたい。

（新）　「介護助手」等の普及を通じた介護現場での多様な就労の促進

【令和4年度予算案】地域医療介護総合確保基金：137億円の内数
生活困窮者就労準備支援事業費等補助金：386億円の内数

【要求要旨】

　介護人材については、少子高齢化の進展や慢性的な人手不足である状況に加え、新型コロナウイルス感染症の感染防止対策や利用者が感染した場合の対応等によって、介護施設等における業務が増大している。

　そのため、介護分野への参入のハードルを下げ、更なる介護人材を確保・支援する観点から、介護職の業務の機能分化を図り、掃除、配膳、見守り等の周辺業務を担う人材を、介護事業所とマッチングする仕組みを構築する。

【事業内容】

　都道府県福祉人材センターに「介護助手等普及推進員（仮称）」を配置し、市町村社会福祉協議会等を巡回して周知活動を行い、介護助手等希望者の掘り起こしを行う。

　併せて、介護事業所に対し、介護職の業務の機能分化や介護助手等のステップアップの手法を助言するとともに、介護助手にかかる求人提出の働きかけを行うことにより、介護の周辺業務を担う人材の確保を促す。

　ここに掲載しているのは、厚生労働省老健局と社会・援護局がまとめている上記資料の抜粋です（黄色マーカーは本書編者にて付加）。これらのような文言が記され、「地域医療介護総合確保基金」を活用した、"介護助手等の普及を通じた介護現場における多様な働き方"のさらなる推進が強く推奨されています。

第 2 章

調査結果に見る

「介護助手導入の効果」

介護職員が感じているメリット

■■ 職員は介護の専門業務に専念、利用者へのサービスが向上

　令和2年度に全国の介護老人保健施設で働く介護職員に、シニアの介護助手雇用によって、職員の業務内容にどのような影響が見られたかについてアンケート調査を実施し（右頁参照）、1,246施設から11,374人の回答を得ました。

　その結果、右頁のグラフに見られるように、介護職員の68.8%が全体的な業務負担感が軽減されたと感じていることが分かりました。また、全体的な業務量が減った（61.5%）、普段の業務における気持ちにゆとりが持てるようになった（38.3%）、介護の専門性を活かした業務への集中ができるようになった（36.4%）などの効果がみられました。

　非専門的な周辺業務を担ってくれるシニアの介護助手の雇用には、介護職員の負担を減らす目標がありましたが、この調査の結果から、実際にその効果がはっきりと示されています。

■ 役職のある管理職ほど業務量の軽減効果を感じていた

　さらに、改善したとの回答が多かった業務量の軽減に関しては、課長、リーダー等などの管理職ほど、その効果を感じていました。管理職の負担が軽くなれば、その分の時間や労力を施設等の運営業務に充てることができ、施設環境の全体的な改善につながる可能性が高くなります。

■ 施設にとっても様々なメリットが判明

　シニアの介護助手の68.6%は、介護や福祉等の専門資格を保有していない人々でした。そのため、施設内でのインシデントやアクシデント、あるいはヒヤリハットが増えるのではないかと懸念していた施設もあったようです。しかし、介護職員の74.2%は事故やヒヤリハット件数に変化を感じておらず、むしろ15.8%が件数の減少を感じているという調査結果でした。

　利用者やその家族との関係にも良い効果を与えているようです。施設の職員間の人間関係が良好になった（23.3%）、以前よりも利用者やそのご家族とのコミュニケーションが増加した（22.0%）、感謝される機会が増加した（17.8%）との回答が得られています。シニアの介護助手を雇用することは、介護職員のみならず、施設全体に様々なメリットを生んでいることが判明しました。

　他の調査でも、介護助手雇用の施設サービス向上につながることが分かってきています（28頁参照）。たとえば、介護助手を1人雇用することで、他の介護職員が直接介護にかかわる時間が1日あたり約190分増加し、その分、個々の利用者に接する時間が長くとれ、施設内で生じやすい様々なリスクの軽減につながったそうです。

　さらに、雑務が減り、利用者本人や家族からの要望やナースコール対応に、お待たせする時間が以前より短くなったという効果も報告されています。

介護職員調査

調査対象者	現場で介護に関する業務を担っている介護職員　※主な業務が管理業務の方は除く
配 布 数	公益社団法人全国老人保健施設協会の会員3,591施設に対して10部ずつ
回 収 数	1,246施設から11,374件（施設平均9.1件）

介護助手調査

調査対象者	60歳以上であり、施設と直接の雇用関係にあり周辺業務を行っている介護助手
配 布 数	公益社団法人全国老人保健施設協会の会員3,591施設のうち、高年齢介護助手の雇用実態がない施設を除いた2,571施設に5部ずつ
回 収 数	599施設から1,606件（施設平均2.7件）

※P2資料③より

● 高年齢介護助手の存在による影響 ●

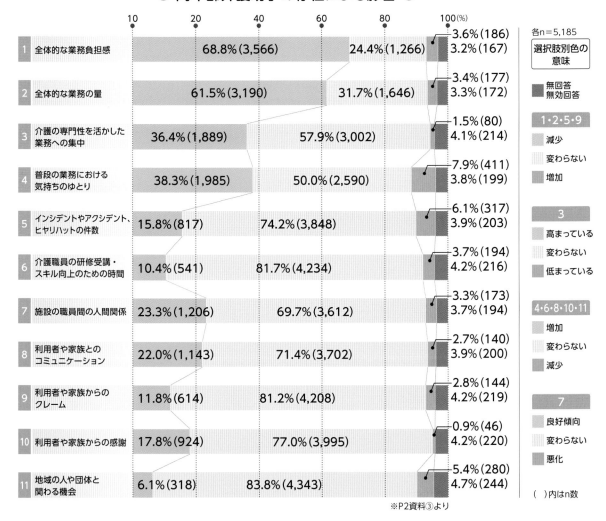

各n＝5,185

選択肢別色の意味

■ 無回答
■ 無効回答

1・2・5・9
減少
変わらない
増加

3
高まっている
変わらない
低まっている

4・6・8・10・11
増加
変わらない
減少

7
良好傾向
変わらない
悪化

（　）内はn数

1	全体的な業務負担感	68.8%（3,566）／ 24.4%（1,266）	3.6%（186）／ 3.2%（167）
2	全体的な業務の量	61.5%（3,190）／ 31.7%（1,646）	3.4%（177）／ 3.3%（172）
3	介護の専門性を活かした業務への集中	36.4%（1,889）／ 57.9%（3,002）	1.5%（80）／ 4.1%（214）
4	普段の業務における気持ちのゆとり	38.3%（1,985）／ 50.0%（2,590）	7.9%（411）／ 3.8%（199）
5	インシデントやアクシデント、ヒヤリハットの件数	15.8%（817）／ 74.2%（3,848）	6.1%（317）／ 3.9%（203）
6	介護職員の研修受講・スキル向上のための時間	10.4%（541）／ 81.7%（4,234）	3.7%（194）／ 4.2%（216）
7	施設の職員間の人間関係	23.3%（1,206）／ 69.7%（3,612）	3.3%（173）／ 3.7%（194）
8	利用者や家族とのコミュニケーション	22.0%（1,143）／ 71.4%（3,702）	2.7%（140）／ 3.9%（200）
9	利用者や家族からのクレーム	11.8%（614）／ 81.2%（4,208）	2.8%（144）／ 4.2%（219）
10	利用者や家族からの感謝	17.8%（924）／ 77.0%（3,995）	0.9%（46）／ 4.2%（220）
11	地域の人や団体と関わる機会	6.1%（318）／ 83.8%（4,343）	5.4%（280）／ 4.7%（244）

※P2資料③より

職員のバーンアウトリスクが軽減

バーンアウトの予防は
介護職場の大きな課題

　バーンアウト（英語：burnout）は日本語では燃え尽き症候群と訳され、元気に働いていた人が、急に燃え尽きたように働く意欲を失うことを指します。特に、対人的な職種の人に多く、頑張り過ぎた果てに燃え尽き、離職や休職につながるケースが少なくありません。そのため、介護の業界においてもこのバーンアウトの課題は重く受け止められており、前頁に挙げた介護職員調査でも職員のバーンアウトリスクの同定は調査目的のひとつでした。

　アンケートでは、Maslach Burnout Inventory という指標の日本語版を用い、右頁の5つの質問で職員が感じている情緒的消耗感を測りました。各質問について、それぞれ1点から5点で回答してもらい（最小5点〜最大25点）、この点数が高い人ほど、バーンアウトのリスクが高いと捉えます。得点の平均は14.9点でしたが、25点に近い職員も認められ、早急な対策が必要であることが示されました。

介護助手のメリットを
多く感じているほど、リスクが低い

　同時にこの調査では、シニアの介護助手導入による介護職員の業務の変化が、職員のバーンアウトにどのように関係しているかについても解析、考察が行われています。

　その結果、施設にシニアの介護助手がいることで次のようなメリットが感じられている場合、介護職員のバーンアウトのリスクが低いことが分かりま

した。

〈介護職員が感じているメリット〉
- 全体的な業務量が減った
- 普段の業務における気持ちのゆとりが増えた
- 介護の専門性を活かす業務へ集中ができた
- 施設職員間の人間関係が改善した

　また、三重県内の高齢者施設を対象に行われた別の調査では、右頁の図1のように、シニアの介護助手が採用されている割合が多い施設ほど 介護職員の平均バーンアウト得点が低い傾向にあることが明らかとなりました。

信頼関係ができている
職員とシニアの介護助手

　介護助手のメリットを感じ、介護助手が多くいるほど、バーンアウトリスクが低い背景には、介護助手に対して職員が信頼を置けていることが推察されます。信頼感がある職場だから、燃え尽きにくいのかもしれません。

　実は、それも調査結果で解明されています。介護職員に対してシニアの介護助手への信頼度をたずねたところ、8割以上が「信頼している」「やや信頼している」という回答でした（図2）。つまり、多くのシニアの介護助手が、職場内で同僚の介護職員から高い信頼を得て働いていると考えられます。介護職員がシニアの介護助手を信頼して、安心して周辺業務を任せられる関係性であるからこそ、職員はより専門性の高い業務に注力をすることができるのです。

● 情緒的消耗感についての5つの質問項目 ●

① こんな仕事、もうやめたいと思うことがある

② 1日の仕事が終わると「やっと終わった」と感じることがある

③ 出勤前、職場に出るのが嫌になって、家にいたいと思うことがある

④ 仕事のために心にゆとりがなくなったと感じることがある

⑤ 体も気持ちも疲れはてたと思うことがある

出典：久保 真人、バーンアウト (燃え尽き症候群)―ヒューマンサービス職のストレス；日本労働研究雑誌 (2007)

図1
● 各施設の平均バーンアウト得点と ●
高齢介護助手割合の関係

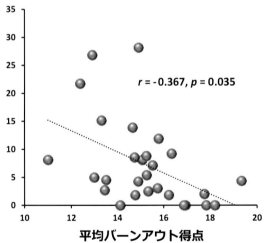

職員における高齢介護助手割合(%)

$r = -0.367, p = 0.035$

平均バーンアウト得点

出典：令和元年度に厚生労働省で行われた「介護施設等における生産性向上に資するパイロット事業」

図2
● 介護職員がもつシニア層介護助手に ●
対する信頼度

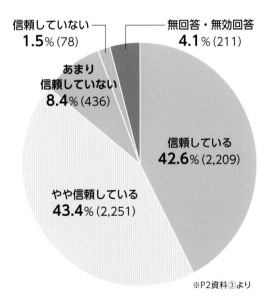

信頼していない
1.5%(78)

無回答・無効回答
4.1%(211)

あまり
信頼していない
8.4%(436)

信頼している
42.6%(2,209)

やや信頼している
43.4%(2,251)

※P2資料③より

休憩なしで働く必要がなくなった

　介護助手を導入している多くの施設では、休憩時間を確実に取れるようになった介護職員が増えました。職員の多くは、その時間で同僚と情報交換をしたり、自主的にケアの勉強をしたり、自己研鑽に励むなど、より専門性を高めるために使っています。

介護助手の働きには、給与や技術では 代えられない価値がある

介護老人保健施設やすらぎ
施設長 小川 勝

医療法人社団実勝会
介護老人保健施設やすらぎ
〒132-0011
東京都江戸川区瑞江1-3-20
（在宅療養支援診療所小川クリニックと連携）老健本来の目的「在宅支援と在宅復帰」機能に力を入れ、退所後は在宅訪問診療でつなぐ。利用者ニーズに応える介護専門職が、専念して様々なケアにあたれるように、介護助手を配置。

　私の老健では、15年前から介護助手がいます。人材不足の側面からではなく、どちらかと言うと経営的な観点からの導入でした。ゴミ出しや配膳・下膳、ベッドメイキングも全て、20年前の開設当時から変わらない介護業務の一部でありますが、これら全部を介護専門職で対応していたら、人件費が高くなってしまうため、安定的な経営を考えたのが理由です。

　これらの業務は2〜3時間の短時間で人手を必要とする忙しい時間帯に入ってもらいます。人材は、ご近所の町内会やPTAなど方々で働きたい時間帯や内容に、うまくマッチングさせてきました。近所の方は、早朝とか可能ですし、現役を引退したなら土日や休日も働けるという方もいます。中には60歳から働き始めて、今でも18年間続けていてくれる方もいます。介護助手は現在10人程度、みんな長く続けてもらい、過去5年間で2人しか辞めていないです。

　しかも介護助手の配置により、介護専門職の残業も少なくなり、職場が良い雰囲気になっているので、若い介護職も働きやすいのか、介護職の定着にも良いです。

　介護助手の多くは、近所に住んでいて、自転車や徒歩で来ます。同じ地域の方なので、利用者とも話が合うし、地域で介護の困りごとがあれば、馴染みの職場の施設へ話を聞くといいと言ってくれたりします。また当施設は、特養と違い、洗濯物は家族に来所してもらいお願いしていますが、コロナ禍でご利用者に面会できない時でも、ご近所の知り合いの介護助手がいると話ができてやっぱり安心です。

　さらにコロナ感染の流行時は、多くの介護専門職が感染や濃厚接触者で休みました。毎日の業務を終えることが大変な時期でありましたが、勤務時間に余裕がある介護助手の方々に、追加で勤務をお願いし何とか乗り越えられたこともありました。現在、当施設では、原則2人ペアで仕事をお願いしています。何かトラブルの際でも2人いれば、慎重に対応でき、確認し合うことでリスクマネジメントになります。長年、介護助手という役職に、地域の方々の力を借りてやっているのは、やっぱり給与では代えられない価値があり、その価値は介護専門職の技術にはないものがあり、職場に良い効果をあらわすものと今でも確信しています。

おかげで、ケアの空白部分がなくなった

介護老人福祉施設もみじ
施設長 **中沼 孝博**

社会福祉法人 八起会
介護老人福祉施設もみじ

〒527-0212
滋賀県東近江市永源寺高野町431-2
地域により密着した福祉に取り組んでいる。居宅介護支援事業所、通所事業所、入所施設等が複合した施設であり、住み慣れた地域での生活を継続することが可能となるよう支援をしている。

　平成20年ごろから介護補助という肩書でシニア層を雇用しています。地域と施設の合同夏祭りを実施していますが、その時にご近所さんから「私にも何かできることはありませんか?」と声をかけられたことがきっかけでした。当初は先例もなかったため、下膳や掃除、シーツ交換等のみという条件で働いていただきましたが、介護職もあっさりと受け入れてくれました。今では業務の切り出しを行い、介護補助も介護職も双方が働きやすい環境ができあがってきています。また身体介護ができる助手も創設し、こちらを介護助手と呼んでいます。

　介護補助がフロアの見守りもしてくれるので、介護職が個別対応に専念できる時間が確保され、施設としては安心で、かつケアの質の向上につながっています。

言わなくても、「やっときましたよ」って

グループホーム古街の家
施設長 **茂木 建一**

複合機能老人福祉施設「道」グループ
グループホーム古街の家

〒238-0052
神奈川県横須賀市佐野町6-14-3
認知症高齢者の方各階9名 (計18名) が共同生活を営む「ホーム」。家事支援や身体介護など、日々の生活を楽しみながらスタッフと一緒に行うことで、認知症の症状を緩和。

　グループホームの利用者さんが重度化してしまうと、「国が定める最低限基準+1名」の人員配置でも現場職員の負担が増してしまいます。結果、淡々と最低限のケアを提供するのが精一杯でした。調理担当の職員は個々の利用者に合わせて、ミキサー食を作ったり、汁物や飲み物にとろみをつけたりしており、大きな負担がかかっていました。そこで10年ほど前から、主に調理を担当する介護助手を雇うことにしたのです。そうしたら、精神的にも時間的にも職員に余裕が生まれて、施設の中に笑顔が増えて。

　みんな長いベテランなので、頼りになります。「あれ、言っとかないと」と思っていたら、やってくれていますから。当然、利用者さんのBPSDも小さくなって、明るい職場になります。

家事支援チームはご近所の主婦の方々です

介護付有料老人ホームサクラビア成城
ケアサービス部長
宮内 文久

株式会社プライムステージ
介護付有料老人ホーム
サクラビア成城

〒157-8566
東京都世田谷区成城8-22-1
恵まれた住環境と手厚いサービスのもと
で運営されるシニアレジデンス。食事・
生活サービス、アクティビティすべてが
充実、施設内にクリニックも併設。

　サクラビア成城では、ケアプランに基づいて職員が居住者様の居室にお伺いし、介護を提供するスタイルをとっています。90歳以上の居住者様も多く、中には30年以上お住まいの方もいらっしゃいます。そのため、掃除や洗濯等、身体介護以外のニーズが増え、介護職員が身体介護に専念できるよう、平成29年に「家事支援チーム」を発足し、介護助手の方にベッドメイクや洗濯等、日常生活のサポートをしていただくようにしました。

　介護助手が洗濯した洗濯物を居住者様が干すなど、それぞれの方に必要な部分のサポートをしてくださっています。60代主婦が主なメンバーで、年齢的に比較的居住者様とも近く、近隣在住なので地元の話題で話が弾むことも多く、コミュニケーションも円滑です。ホームの特徴として、プライバシーを重要視なさる方が多くいらっしゃいますが、そういった方への程よい距離感や配慮も心得てくださっているので、大変助かっています。

【DATA&資料】

見えてきた、施設全体の変化

介護助手1人で、**190分／日**直接介護にかかわる時間が増えた

介護職員の**残業時間が削減**された

余裕ができ、何年もできなかった**レクリエーション活動に取り組めた**

介護助手の見守りにより、**認知症の方の個別対応**が可能になった

介護職員たちの自ら専門性をつけたいという意識がつよくなってきた

※資料：第2回介護現場革新会議資料2（全国老人保健施設協会資料）より、厚生労働省 平成31年2月14日

第3章

でもなぜシニア?

元気シニアの"就労意欲"と "社会のニーズ"が一致するから

まだまだ働きたいシニアに 活躍してもらえたら

　内閣府が全国の60歳以上に向けて実施した調査によると、全体の約6割が、定年退職後の65歳以降も働きたいと考えていました。現在収入のある仕事をしている人に限定すると、その割合は9割近くにおよび、多くの人が高齢期にも高い就労意欲を持っています。

　その意欲に応え得る代表が、介護分野の人材需要とされています。75歳以上の人口増加が言われてきましたが、これからは85歳以上の人口比率が急速に拡大することもあり、2040年には約69万人の介護人材が不足すると推計されています。IT技術の利活用や外国人ケアワーカーの受け入れを推し進める動きも活発ですが、同時に元気シニアの活躍にも高い期待が寄せられています。

　シニアにとっても仕事で体を動かし、人と接していたほうが、老化予防にも介護予防にもなります。右頁のグラフで、「働くのは体によいから、老化を防ぐから」が仕事をしている理由の上位を占めているのがそれを物語っています。

モザイク型の就労が 無理のない労働を可能に

　就労意欲があると言っても、現役世代のように、朝から晩までのフルタイムでの勤務を希望している人は多くありません。むしろ、自分の都合が良い時に、好きな時間だけ、短時間働けたらいいと考える人が多いようです。その希望に添うのが、右頁のイメージのような「モザイク型」の就労形態です。複数の人で1人分の仕事をこなすこのコンセプトが、高齢期であっても心身のコンディションを考えながら、無理なく働くことを可能にしています。

　モザイク型就労は、介護施設にとってもメリットがあります。たとえば、早朝の数時間は職員が少ない時間帯にもかかわらず、利用者の起床、朝食、居室の整備など多くの業務が集中するときです。シニアだとありがたいのは、朝に強いから。短時間でも、この時間帯に介護助手として居てくれると職員の負担が軽減して、笑顔で朝の声かけができるので、利用者の1日も気持ちよく始まります。

地域の中で活躍し 社会貢献したいシニア

　また、知識や能力の活用、仲間づくり等を就労理由に挙げる人も大勢います。まさに、人生100年時代における新たな学びとチャレンジを通して、少しでも地域社会に役立ちたいという意欲的な元気シニアが増えている表れです。

　平成27年に始まった三重県による介護助手導入のモデル事業を皮切りに、以来、全国で着実に介護助手の導入が浸透しつつありますが、そのスピードが速まるほど、「働きたい」意欲と、「働き手がほしい」ニーズが一致し、バランスのよい社会環境が自然と育つのではないでしょうか。そのためには、機能的かつシステマチックに、"意欲"と"ニーズ"をマッチングしていくスキルを上手く取り入れる事業運営の発想が、さらに求められます。

● 元気シニアが仕事をしている理由 ●

仕事をしている理由（性・年齢別）（収入のある仕事をしている人＝100％）

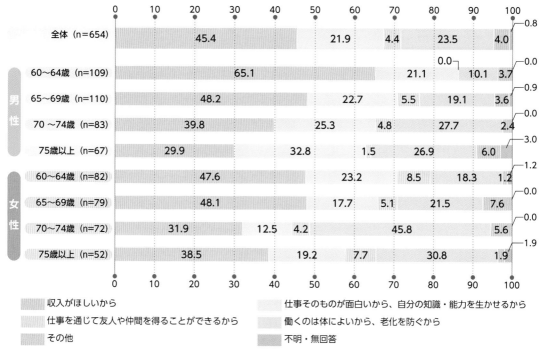

出典：内閣府. 高齢社会白書 令和2年版. 2020.

● 時間モザイク型就労のイメージ ●

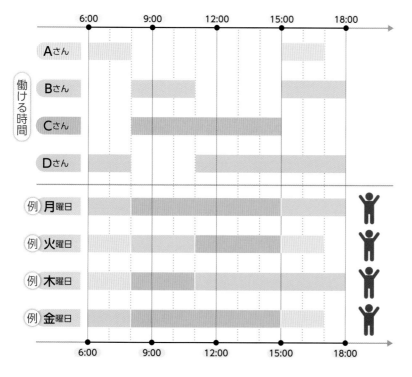

4人の介護助手のうち、
1人は週4日。
2人は週3日。
もう1人は週2日。
自分の時間で働けます。

4人のそれぞれの働ける希望時間を組み合わせ、1人1日分の労働時間として活用できれば、介護現場では常勤の職員に加えて、週に4日の日勤時間には1人の助手がいる労働環境が可能に。そのぶん、介護の専門職は介護本来の仕事に集中でき、利用者と向き合う時間も増えます。

シニアならではの
"強み"と"魅力"があるから

シニアの"強み"は、年齢。
利用者と歳が近いこと

　厚生労働省発表の『介護現場における「多様な働き方」取組事例集』の中には、様々な年齢や立場の介護助手が登場します。

　有資格者の兼業や副業として、所属法人以外の施設に介護助手として登録し、都合の合う時に短時間働いている人。生活支援が必要なホームで暮らし、介護助手として働くことで自立を実現している人。この中には進学を目指す若者もいて、学習面のサポートも受けながら働き、学問と仕事の両立を目指しています。この事例集には登場しませんが、介護助手には子どもが保育園や学校に行っている時間だけ働いている人もいます。

　このような様々な人がライフスタイルに合わせて働き、手伝うことも介護の現場にとっては欠かせないサポートです。しかし、介護助手のメインは、やはり元気シニアです。平成27年に初めて介護助手導入の試みが行われた時には、「高齢者より、若い人に手伝ってもらったほうがいいんじゃないか」という介護現場からの異論反論も聞かれたそうです。

　ところが導入が始まると、シニアならではのよさや強みが浮き彫りになってきました。それは、利用者の方々と年齢が近いこと。介護助手自身も老化を自覚する世代で、高齢者の気持ちやつらさに、親身に寄り添うことができます。思い出話や暮らしの文化風習の話も合います。ここまで頑張って、戦後直後から高度成長時代をひたすら働き、努力して生きてきた人々へのリスペクト精神も今のシニアには

あります。その良さをいち早く感じ取ったのは、誰より利用者側でした。

若い職員世代と高齢者をつなぐ
パイプ役にもなるのがシニア

　忙しく動き回る職員よりも、利用者にとって話しかけやすいのは、シニア介護助手のようです。

　もっと寄り添いたいと思いながらも、その時間はないし、利用者が何を思っているのかもなかなか理解できない若い職員たち。その心理的距離を黙って感じ取り、心理的には近づこうとしない高齢者。とかく、こんな心のギャップが生まれがちの現場で、真ん中に入るシニアの登場は、双方に安心感を与え、施設内でコミュニケーションが増え、雰囲気がよくなったと評価されています。

教える側の職員が
シニアから教わることも多い

　トラブルで困っている職員に、シニアがさりげなく囁いてくれる言葉が職員を元気づけることもあります。人生経験の長いシニアには、一喜一憂しない知恵も、なるようにしかならない現実を受け入れる深い懐も備わっているのです。

　また、仕事をしながら「役に立てて嬉しい。ありがとうございます」というシニアの言葉に驚き、「必要とされ、役割があり、誰かの役に立てる大切さに改めて気づいた」という声もありました。

　年の功で周囲の若い世代を成長させているシニアたち。働く職場の介護力全体の底上げにもなっているのではないでしょうか。

調査で聞いた
シニア介護助手への
介護職員の声 + **取り組みの効果**

利用者によっては
同世代ということで、
仲間のような感覚が
生まれている

利用者の声を
早めに聞いてくれ、自然な
見守りで、早期対応に
つながっている

介護助手と
利用者の触れ合いに
よって、利用者の
笑顔が増えた

アクティブシニアが
職員や利用者の輪を
とりもっている

仕事にまじめに
取り組む動きに、職員から
感謝の言葉が自然に
出るようになった

介護助手の
出勤日は、気分的に楽

ありがとう！

※P2資料②&④&⑤より

「アクティブシニア介護助手は介護職の補助役ではなく、
一人の構成員、一人の職種として存在し、
それぞれの個別的な役割を担っていることが示された」

出典：佐伯久美子ほか. アクティブシニア介護助手雇用の効果と課題―A県の介護老人福祉施設の介護長を対象とした
インタビュー調査を通して―. 介護福祉士. 2022; 27: 34-45.

元気シニアの活躍は、
この国の未来の希望

 ## 若々しく元気なシニアに
元気でいつづけてもらいたい！

　少子高齢化が進展し、労働人口の減少が見込まれている我が国において、シニアが元気でいつづけ、社会をサポートする力になってくれることは、国全体の願いと希望と言っても過言ではありません。元気シニアによる介護助手の活躍は、そんな願いと希望をかなえる大きな道しるべでもあります。

　平成29年には日本老年医学会が高齢者の定義の見直しについて言及し、近年の75歳以上は、ひと昔前の65歳以上に匹敵すると提言したように、実際に若々しくて元気なシニアが増えています。しかも31頁の「元気シニアが仕事をしている理由」にもあるように、介護助手の人々は、健康意識も社会に出て人とつながる意識も高い方々。これからも活躍が期待できるシニアが大勢いるということは、私たちの近未来にとってとてもありがたいことです。

60歳以上の就労者割合は
着実に伸びている

　政府が60歳以上のシニアを対象に実施した全国調査によると、収入のある仕事をしているシニアの割合は、右頁の図1のように非常に多く、男性は特に65歳を越えても半数以上が働いています。また、男女年齢別を合わせた全体でも、4割近くが働いています。

　また、図2のように、収入のある仕事をしているほうがそうでない人よりも、生きがいを感じるという人が多く、図3のように、仕事というかたちも含めて社会参加していることが、活動も参加もしていない人より、生きがいを感じています。

　生きがいがあるから、「明日も頑張ろう」というその気持ちが元気を支えてくれるもの。元気で、しかも無理のないペースで働き続けることが好循環になり、元気な介護助手が増えてくれることは、介護する側にも、される側にもありがたいことです。

 ## 長生きにもつながる
主観的健康感も高い！

　少々体に不都合があっても、元気に暮らしている人はたくさんいます。特に高齢になれば何かしら持病を持っている人も多くなりますが、持病の管理をきちんと続けていれば、日々は元気に過ごせます。一病息災もその一例です。歳を重ねるほどに重要なのが、傷病の有無ではなく、気持ちが元気かどうか。これを「主観的健康感」と言い、健康状態に関する自己評価のことです。

　死亡率と主観的健康感の関連をみた調査[1]の結果、「自分は今は健康だ」と答えた人のほうが、「健康ではない」と答えた人より長生きなことが確かめられています。

　さらなる注目点が、高齢期の就労と主観的健康感の関係です。国内では、就労者と非就労者の2群を対象に2つの大きな追跡調査が行われています。ひとつは追跡期間が3年間[2]、もうひとつは5年間の調査[3]で、どちらも就労しているシニアのほうが主観的健康感が高く、75～84歳の後期高齢者であっても、働いている人は働いていない人に比べて、主観的健康感が高いことが明らかになっています。

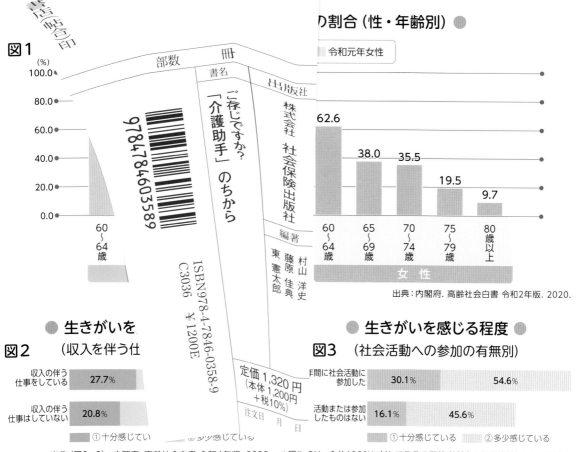

図1
(%)

100.0	
80.0	
60.0	
40.0	
20.0	
0.0	

60〜64歳

の割合（性・年齢別） ●

令和元年女性

62.6	38.0	35.5	19.5	9.7
60〜64歳	65〜69歳	70〜74歳	75〜79歳	80歳以上

女 性

出典：内閣府. 高齢社会白書 令和2年版. 2020.

図2 ● 生きがいを
（収入を伴う仕

収入の伴う仕事をしている	27.7%
収入の伴う仕事はしていない	20.8%

■ ①十分感じてい　　②多少感じている

図3 ● 生きがいを感じる程度 ●
（社会活動への参加の有無別）

	①十分感じている	②多少感じている
間に社会活動に参加した	30.1%	54.6%
活動または参加したものはない	16.1%	45.6%

■ ①十分感じている　　②多少感じている

出典（図2〜3）：内閣府. 高齢社会白書 令和4年版. 2022.　※図2・3は、全体100％に対して①②の回答者割合のみを比較したものです。

● やりがいや張り合いが我が身を元気にしてくれる！ ●

イキイキ

いつの間にか体調もよくなり、ここに来ると元気をもらえる

そこで…

TVばかりなので、趣味の紙芝居をやってみたら、次はいつ?と楽しみにしてくれる

75歳になって、まだ働けるとは思ってなかった人生に張り合いができた

助かります

若い職員さんから「いつも助かります」と言ってもらえるのが嬉しい

※三重県「いこいの森」介護助手アンケートより（2016年実施分から）

出典：1) 三徳和子ほか. 主観的健康感と死亡率の関連に関するレビュー　川崎医療福祉学会誌, 2006; 16: 1-10
2) 竹内亮ほか. 地域在住高齢者における身体および社会活動頻度とQuality of Lifeの変化との関係 静岡県における高齢者コホートによる縦断的研究. 生涯スポーツ学研究. 2013; 9: 11-18.
3) 山内加奈子ほか. 地域高齢者の主観的健康感の変化に影響を及ぼす心理・社会活動要因 5年間の追跡研究. 日本公衆衛生雑誌. 2015; 62: 537-547.

書店帖合印

部数　　　冊

書名　ご存じですか?「介護助手」のちから

出版社　株式会社 社会保険出版社

編著　村山洋史　藤原佳典　東憲太郎

9784784603589

ISBN978-4-7846-0358-9
C3036

定価 1,320円
（本体 1,200円＋税10%）

注文日　月　日

【DA

介護職の仕事と

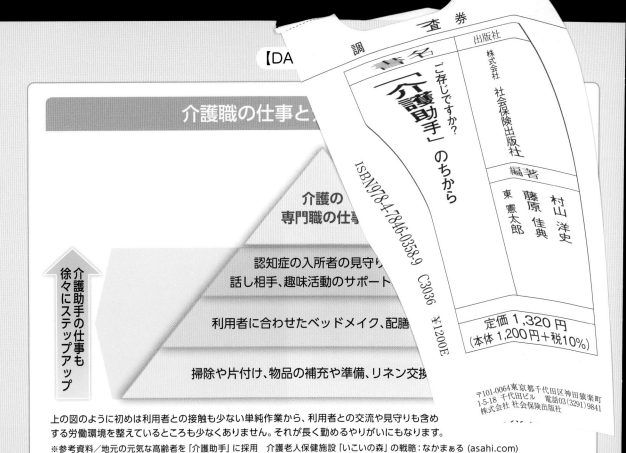

介護の
専門職の仕事

認知症の入所者の見守り
話し相手、趣味活動のサポート

利用者に合わせたベッドメイク、配膳

掃除や片付け、物品の補充や準備、リネン交換

介護助手の仕事も
徐々にステップアップ

上の図のように初めは利用者との接触も少ない単純作業から、利用者との交流や見守りも含め
する労働環境を整えているところも少なくありません。それが長く勤めるやりがいにもなります。
※参考資料／地元の元気な高齢者を「介護助手」に採用　介護老人保健施設「いこいの森」の戦略：なかまぁる (asahi.com)

調　査　券

書名　ご存じですか？「介護助手」のちから

出版社　株式会社 社会保険出版社

編著　村山洋史　藤原佳典　東憲太郎

ISBN978-4-7846-0358-9　C3036　¥1200E

定価 1,320 円
（本体 1,200 円＋税10%）

〒101-0064東京都千代田区神田猿楽町
1-5-18 千代田ビル　電話03（3291）9841
株式会社 社会保険出版社

高年齢介護助手導入の理由（複数回答）

項目	割合（件数）
介護職員の労働環境改善のため（残業時間の削減・有給休暇の取得率向上等）	73.9%（508）
介護職員と介護助手の役割分担により、介護職員のケアの質を向上させるため	72.5%（498）
人材確保により、施設の介護職員の研修受講、スキル向上のための時間を創出するため	25.8%（177）
介護事故のリスクを減少させるため	23.4%（161）
職員間の人間関係を更に良くするため	6.0%（41）
コミュニケーションの増加等により、利用者や家族との関係性を更に良くするため	13.1%（90）
地域に対する介護予防・生きがいづくり等の社会貢献活動の一環として	18.5%（127）
その他	6.6%（45）
無回答・無効回答	2.6%（18）

※高年齢介護助手を「現在雇用
している」と回答したn＝687
を集計

※P2資料③より

第4章

これが介護助手導入の手順

元気シニア導入のプロセス

1 介護労働に将来性を！

→

2 いつもの業務の見直しを！

→

3 工程の分解と見える化を！

■従業員全員の共通理解を

その日の業務に追われることが多く、先の見通しが立てにくい介護の現場。「今日も事故なく、ミスなく」が目標になっていると、それなら、介護助手は高齢者より若い人のほうがいいとか、助手に仕事を説明するほうがかえって時間がかかるなどという反発も生じます。もっと将来性のある目標をもって導入をしましょう。

たとえば事業主が下のような理念を掲げ、優しい介護とは何かを従業員全員に考えてもらう工程を踏めば、元気シニアの良さを理解してもらえるでしょう。忙しさの解消だけでなく、みんなで明日に向かう気持ちをひとつにできることが大切です。

■1つの介助に何工程もある

介護助手導入への共通の目標が持てたら、さっそく食事、排泄、入浴、レクリエーションなど、仕事の種類別に業務を見直してみましょう。たとえば、食事介助ひとつをとってみても、食堂への移動や、食事姿勢の確認、おしぼりやお茶・エプロンの準備、個別の介護食形態に合わせた献立の加工や配膳、食事介助、片付け等々、何工程もあることがわかります。

どの工程は介護のプロでなければならず、どの工程は助手でもできるのか。どの部分を助手に任せれば、よりスムーズになり、質の向上が図れるのか。その見通しが介護助手導入のポイントです。

■プロ仕事と助手仕事に

次は、さらに細分化して、その工程ごとに分解し、仕事の見える化をします。

たとえば食事のための1工程「食堂への移動」の中にも、移乗はプロの仕事でも、移動は助手にまかせられます。お茶のトロミ加減を決めたり、その指示を明確に伝えたりするのはプロでなければなりませんが、指示に従ってお茶を用意し、運ぶのはまかせてもよいはず。1工程の中でも、プロ仕事と助手仕事にひとつずつ切り分けてみてください。頭の中や話し合いだけでなく、図解や表で誰にでも、目で見てわかるように整理し直しておくことが、後々の効率をよくするコツです。

> ウチはどこよりも
> みんなが優しくなれる
> 介護をしよう

事業主

> 「ごはん」1つでも、
> 1人何役
> やっているかしら?

介護士

> 専門職じゃなくとも、
> 上手くやれる作業が
> いっぱいあるんだな

介護長

 手順と業務の切り分けがあいまいだと
上手くいきません。上手なバトンタッチを！

4 時間の流れで再整理を！

■朝・昼・晩の業務を整理

　1〜3までの手順が仕事を種類別に横割りで整理したとすれば、次は、仕事の工程を一日の流れに沿って、縦割りで考えてみます。何種類もの仕事が繰り返し行われますが、同じ仕事でも時間帯によって前後の作業状況の違いなどがわかります。

　また、朝の起床時直後が担当1人でこなす仕事の種類が非常に多いことや、目を配るべき点が多いとか、朝食後の排泄介助が一日の排泄介助の中では一番忙しいなど、時間帯の特徴が明確になります。そしてシニアは朝が早いので、早朝に数時間、助手で入ってもらえると助かることが見えてきます。

5 プロと助手の役割分担を！

■シニアのほうがいいこと

　介護業界に限らず、元気シニアが短時間働いて仕事の一部を担っているケースでは、シニアは早朝や土日仕事でも嫌がらずに引き受けてくれるから助かるという話をよく聞きます。また介護助手導入事例からは、繕い物や洗濯作業などもシニアは手早くて丁寧。長年の家事で磨いた技があるという話もありました。

　何よりいいのは、高齢者の気持ちをより身近に察し、体調の変化などに細やかに気づいてくれること。仕事に追われている現場で、利用者の反応や行動を待つことができる落ち着いた対応は、とてもありがたい存在で、話し相手にもなってくれます。

6 専門人材のメリットを確認！

■その分、プロは何ができる？

　介護助手としてシニアに活躍してもらう最大のメリットは、人手不足で大変だった自分の仕事が楽になることではありません。確かに仕事を助手に切り分ければ、肉体的にも精神的にも楽になるでしょう。

　では、楽になって"どうするか"が、本当の目的とメリットです。プロとしてのスキルを向上させ、利用者への目配りや介護の質を向上させることにもっと集中できます。少し余裕ができて、レクリエーション活動に取り組めたという人もいます。介護助手の導入が、この世界に飛びこんだときの夢や希望に近づき、自己実現できる道を拓いてくれます。

 やっぱり朝が一番忙しくて、人手が欲しいですね　介護士

 シニアの介護助手さんのほうが上手いこともたくさんあるね！　介護士

 心に余裕をもって入居者の心を受け止められるようになったの　介護長

7 入居者が得る メリットの再確認を！

■入居者はどう思う？

入居者の方は、もっと話し相手になってもらいたいとか、気軽にいろいろ言いたいことがあっても、ケアするスタッフが忙しそうにしているので、我慢しているときもあります。現場はとにかく余裕がなく、事故のない介護をするだけでめいっぱいになっていませんか？

時々来てくれるお手伝いの方とは、入浴準備の間や移動の間にする昔話が通じるので、楽しい。一緒に折り紙や手芸とか、ラジオ体操をしてくれる人もいるなど、施設全体の空気が温かくなり、入居者が安心して、落ち着いて過ごせるようになるのは、とても大きなメリットです。

8 受け入れの 環境整備

■周辺業務切り出しの工夫

施設全体にとっても介護スタッフにとっても、入居者の方々にとっても、多くのメリットが生まれる介護助手の導入。ただ、それは導入がスムーズに上手くいってのこと。最も大事なポイントは、受け入れのための環境整備です。どのフロアでもまかせる業務内容をわかりやすく伝え、来る方が戸惑ったり、自己判断を迫られたりすることがないように、誰が見てもわかる業務の切り出しと、指示方法を。分解した仕事工程の図解や表を丁寧に作る意味がここにあります。日によって、部署によって、上司によって、指示や要求がバラバラなのはNG！

9 介護助手の 募集・採用

■チラシの文言がカギ

これまで、実際に介護助手導入に取り組み、上手くいかなかったところもあります。その一番大きな敗因は、募集したのに人が集まらなかったこと。説明会に多くの人が来た施設と来なかった施設の違いは、求人チラシの文言にも一因がありました。

外から見えにくい組織があくまでも人を使う意識で募集をすると、人は来ません。地域につながって社会貢献する気持ちへの働きかけが大切です。働きながら社会参加と社会貢献をすることで得られるメリットを伝えます。特にシニアには、地域の役に立ち、自分も元気になるという文言が心に届くようです。

話し相手になってくれるから楽しいわ
入居者

見ればわかる仕事の説明や、バトンタッチ法を工夫しました
フロアリーダー

短時間でよい社会貢献の仕事を強調しました
総務人事

10

介護助手の導入を！

■指示とコミュニケーション

　いよいよ介護助手の配置です。これから大事なことは、何かたずねられたり、意見を求められたりしたときの作業指示の明確さと職場内コミュニケーションの促進です。若い職員とシニアの間に遠慮や敬遠があれば、ぎくしゃくし、職場の空気が淀みます。
　一方、若い人たちと一緒に働けるのが楽しいし、若い職員さんから「いつも助かります」と感謝の言葉をかけてもらえると嬉しい。シニアの「役に立つ仕事をさせてもらって、ありがとう」という言葉が、今度は若い職員の働く意識の変革になることもあるそうです。

11

介護助手の継続と向上へ！

■モデル事業から次の段階へ

　補助金や基金を活用したモデル事業の期間が終了しても、そのままパート職員として定着してくれる方も少なくありません。
　そこから先が事業体としての本来の人材活用でもあり、介護助手の継続と向上に施設の特徴を活かした様々な工夫が講じられています。勤務期間と仕事効率の変化によって役割や受けもつ業務内容のランクアップがデザインされていたり、入居者との触れ合いが深まってきたら、特技でレクリエーションを提供してもらったり。また、困りごとをヒアリングするシステムが介護助手継続の支えになっているところもあります。

12

PDCAサイクルで運用を！

Plan プラン

Do ドゥ

Check チェック

Action アクション

継続のための工夫を考えよう！

若い人たちが優しいので楽しく働けます　介護助手

長い意味で働く仲間になってもらえるのが組織の成長になります　施設長

介護助手の継続要因

いいことたくさん感じているほど

　令和2年度の介護助手調査（23頁参照）では、介護助手本人に対し、仕事を始めて得られたメリットを回答してもらいました（複数回答可）。7個のメリットを設定し、下のグラフのような結果でした。7個のうち、少なくても4個、多い人は7個すべてのメリットを感じており、平均でも5.7個のメリットを感じています。働くことで介護現場や社会に貢献するというより、むしろ自分自身のためになっていると感じている人が多く、そのメリットが多いほど、継続要因になると考えられます。

高年齢
介護助手が
感じている
メリット

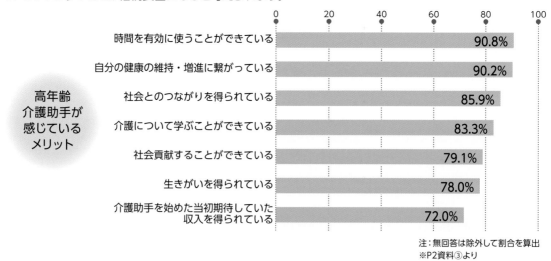

項目	割合
時間を有効に使うことができている	90.8%
自分の健康の維持・増進に繋がっている	90.2%
社会とのつながりを得られている	85.9%
介護について学ぶことができている	83.3%
社会貢献することができている	79.1%
生きがいを得られている	78.0%
介護助手を始めた当初期待していた収入を得られている	72.0%

注：無回答は除外して割合を算出
※P2資料③より

誰かと話しながらの作業がいい

　一方で、洗濯物たたみや、居室のシーツ交換などの作業をしている介護助手は、作業が単調で、腰や手首も痛くなるので仕事を辞めたくなってしまうこともあるようです。周辺業務は大半が非専門的な業務を切り出してきたものですが、利用者や他の職員とコミュニケーションをとりながら、単純作業によるマンネリ化に陥らないような工夫が大切です。

仕事のステップアップも充実感に

　業務に慣れてきた介護助手は、利用者の傾聴や見守り、レクリエーション活動など、少し難易度が高い非専門的な対人業務にも従事しています。習熟度に応じてステップアップができることも、介護助手として働くシニアが感じている魅力のひとつです。入職時は淡々と業務をこなすだけだったシニアが、ステップアップしたことをきっかけに、積極的に挑戦するようになったというケースもあります。何歳になっても新しい挑戦をすることで、仕事を通じた生きがいの醸成になっていると考えられます。

※資料：第2回介護現場革新会議資料2（全国老人保健施設協会資料）より、厚生労働省 平成31年2月14日

第5章

ケースに学ぶ

「介護助手」導入、成功の秘訣

未経験、無資格でも プロの働き手として 大切な戦力に

 ## スキルがない、時間が合わない… 地域の埋もれた人材を掘り起こす

　慢性的な人手不足による職員の負担増やモチベーションの低下など、様々な課題に対する改善策の一つとして特別養護老人ホーム和心が生み出したのは、家事援助を専門に行う職種「ライフメイト」です。食事の盛り付けや入浴時の着替えの準備、お茶出しや見守りなど、無資格で行える業務を幅広く担っています。どのようにして人材を確保したのか、施設長の金子直浩さんに聞きました。

　「近隣に約2万部の募集チラシをポスティングしました。年齢不問、資格不要、週1日1時間でもOK。働く意欲はあってもスキルがない、時間帯が合わないといった悩みを抱えたシニアや子育て世代にもご応募いただき、結果的に地域に埋もれていた貴重なマンパワーを獲得できました。応募は全体で27件、そのうち14名を採用しています」

 ## 定年を迎えた職員の 次なるステージに

　平成30年にライフメイトを導入してから約4年。
　「一日で最も忙しい食事の時間は特に助かっています。私たちは各ユニットごとにごはんを炊き、味噌汁やおかずを作って入居者様に提供していて、それまで介護福祉士が盛り付けもしていましたが、ライフメイトさんにお願いすることで、その時間にご利用者様のお世話ができる。しかも長年の家事仕事で手馴れている分、盛り付けがきれいです。入居者様に少しでも家庭の雰囲気を味わっていた

だきたいので、とても良かったなと思いますね」

　一時期は20名以上いたライフメイトは現在13名。しかし、新たに募集はしていないそうです。
　「確かに人数がいればいるほど助かるのですが。和心がオープンして約10年、当時50代だった多くの職員が定年を迎えつつあり、定年後もライフメイトとして働ける場を提供するために募集をかけずにいます。どの部分を手伝ったら現場で喜ばれるか、よく分かっている人を今後も良いかたちで回していけたらと期待しています」

 ## 介護職は生活のプロ。 適材適所の意識が大事

　堀 喜代子さん（73歳）は約4年前に募集チラシを見てライフメイトに応募。日を追うごとに仕事が上達し、ますます若々しくなっていると評判です。
　「まだ元気で働けるし、趣味に使えるおこづかいになればと応募しました。週3日、1日4時間。仕事の内容は掃除やシーツの交換、食器の後片付けなどです。単純作業もだんだん上達するとやりがいを感じますし、何より社会参加できていることがすごく楽しいです」

　単純作業とはいえ、金子さんは誰でもできる仕事ではない、と言います。
　「ライフメイトさんが担っている業務は、本来は生活のプロである介護の仕事。プロの視点を持って行うからこそ難しさがあり、だからこそやりがいがあります。人手が足りないからハードルを低くして人を増やすのではなく、適材適所を常に考えることが施設として大切ではないかと考えています」

ライフメイトの堀喜代子さん（73歳）。働き始めて約4年。担当業務が徐々に増え、充実感が増しているそう

開設10周年の記念にオリジナルTシャツを制作。節目を祝って職員の仲間意識を高める

畑が点在する閑静な住宅街に位置する

毎年クリスマスの時季は盛大に飾りつけを

居室から遠くの山々が一望できる

● DATA ●

特別養護老人ホーム 和心

設立年：平成23年

住　所：〒243-0418
　　　　神奈川県海老名市大谷南3-20-15

電　話：046-236-4165

修理、ものづくり、庭仕事…アクティブシニアが大活躍！

 利用者のご家族にも「働いてみませんか？」と声を

この施設を運営する社会福祉法人八生会では、生活を快適に保つ補助業務を行うアメニティスタッフを平成22年より配置しています。八生会法人本部キャリア開発課課長の野村祐美さんに解説していただきました。

「アメニティスタッフはアクティブシニアの活用を目的とした職種で、直接介護には携わらず、施設の清掃や花壇の造営といった介護周辺の業務を担っています。今の65歳はシニアと呼ぶには違和感があるくらい若いですよね。まだまだ働けるけれど、きっちり介護をやるには体力的にしんどくなる。もともとは定年を迎える職員がアメニティスタッフに移行するかたちで始まりました。その体制が整った後、地域のアクティブシニアにも働いていただけるようハローワークに求人を出し、利用者様のご家族に募集チラシをお渡ししてお声をかけるなどして人材を確保してきました」

 職員が困っていたら必ず助ける。「私がやるよ、全部もらう」

現在、梅香の里のアメニティスタッフは2名。その1人である深田和男さん（73歳）は、「もともとおふくろがここでお世話になっていたんですよ。当時私は62歳で、勤めていた土建会社を辞めたばかり。梅香の里で使ってもらえないかと思いつつ、ハローワークに行ったらたまたまアメニティスタッフの求人が出ていて、その足でここに寄って "お願いしま

す！" と言ったら即採用（笑）。それから10年以上働いています。最初は送迎バスの運転手を務めていましたけど、運転の仕事は70歳までで。その後はバス管理の仕事が主で、手が空いていたら利用者さんの髪をドライヤーで乾かしたりね。手が足りなくて困っている時は助ける。私がやるからいいよ、と全部もらう。今は庭の造営に凝っていて、サツマイモやオクラを植えているんですが、帰り際にちょっと手入れしてから帰ろうかなと。

長く働き続けているのは、ここが楽しいこともあるけれど、"これはやらなければいけない" という責任感があるから、"私がいなければ！" と言うとおかしいけど。そういう気持ちがあるんです」

 職員のやる気も引っ張るアクティブシニアの求心力

深田さんのようなアクティブシニアが介護の現場にいるメリットは大きいと、野村さんは言います。

「長く働いてくれるシニアの方がいると、職員の私たちが逆に施設内のいろいろなことを教えていただけますし、若い職員と利用者様の世代間ギャップを埋めてくれることもあります。利用者様のご要望や言葉の意味が分からない時なども "こういう意味だよ" とくみ取って教えてくれます。車いすのパンクの修理や踏み台の制作などもお手のもの。頼まなくてもやってくださることも多いんです。

何より、若い職員より元気（笑）。人が好き、介護が好きだから残ってくださっていると思うのですが、その気持ちに職員が引っ張られて仕事が頑張れる、という面も大いにありますね」

梅香の里でなくてはならない存在になっているアメニティスタッフの深田和男さん（73歳）

深田さんが1年かけて造った庭。サツマイモやオクラを植えている。今後はコスモス畑も作る予定

車いすの移動を便利にする踏み台など、深田さんはDIYも得意

施設内は多目的ホールや利用者のご家族が宿泊できるゲストルームなど設備が充実している

利用者やそのご家族が落ち着いてくつろげるエントランス

● **D A T A** ●

介護老人福祉施設 梅香の里	
設立年：平成19年	
住　所：〒438-0112	
静岡県磐田市下野部363-1	
電　話：0539-63-5030	

"あの人、いいんじゃない?" 着実に築いてきた 地域ネットワークを活用!

14年続けた食事会。 地域の方の顔と名前がわかるように

1人の高齢者が、住み慣れた町を追い出されるように離れ、環境が異なる老人ホームに失意のまま入居、その2日後に逝去。当時ホームヘルパーとして寄り添っていたNPO法人 楽の理事長・柴田範子さんは、「今もその記憶が消えない」と言います。このようなことが二度とあってはならないと、平成18年に地域密着型のひつじ雲を開設しました。

「地域の方々を知りたいし、地域でどんな活動をしたいのか知りたい。開設にあたって何らかの方法で地域とつながっていないといけないと思ったんですね。町内会の会長さんにいろいろご相談やご提案もしました。そして、月に1回、地域の方々をお招きして食事会を開くことにしたんです。やっぱり食べることが好きな人は多いですからね。それをボランティアさんの力を借りて14年続けました。徐々につながりが強くなるにつれて、"私こういうのが得意だから、ひつじ雲さんでできないかしら?"と声を上げてくださる方もいて、利用者の方々に楽しんでいただけるプログラムが10個ぐらい増えて。地域の方々の顔と名前がよくわかるようになりました。結果、介護の相談や助言もさせてもらえる関係性を築けたことが一番良かったかなと思います」

ざっくばらんに打ち明け、 地域推薦の確かな人材を獲得!

食事会をきっかけに地域の方々と普段から交流

していることが、欲しい人材の確保にもつながっています。現在は非正規職員18名のうち、シニア世代は11名が働いています。

「地域から雇用するのはなかなか難しい面もありますが、親しくなった方に"今、非常勤の人たちが3人ぐらいどうしても必要なんだよね"とざっくばらんに話すと皆さん考えてくれます。"あの人がいいんじゃないか"とか"この人はたぶん昔ヘルパーさんをやっていたよ"とか、いろいろな情報を持ってきてくださって。心あたりの方に電話一本入れてくれるんですよ。今うちで働いている66歳の送迎ドライバーさんは、複数の方から名前が挙がった地域の方。大型免許を持ち、技術力も高いので、命にかかわる仕事をしているうちとしては大きな安心感につながっています」

難しいことは求めない。でも それぞれの力量や特徴を生かして

「調理専門、お掃除専門…うちには特技を生かして働いてくれているシニアの介護助手がいます。みんなと遊ぶことが好きな人も。内臓の手術をしたばかりなのに、どうしても働きたいと食事の手伝いをしてくれる70代の介護職員さんもいます。いろいろな方のおかげで、1カ月に850回もの利用者さんの自宅への訪問が実現できているんです」

「難しいことは求めません。自分の力量や特徴を生かしてくれれば、専門職がそれを理解してその場を回すことができるんです。一方ではミスがないように努めながら、もう一方では自由に高齢者と楽しむ。その両方が大切かなと思います」

キッチンからは利用者が集うスペースが見渡せる

広々とした玄関ホール

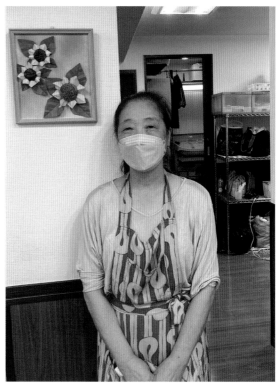

介護助手のS子さん（73歳）。理事長の折り紙仲間である友人の紹介で2020年に入職。食事介助など介護福祉士としての経験を生かして活躍中

アットホームな雰囲気のひつじ雲。扉の向こうはいつも笑い声が絶えない

● DATA ●

小規模多機能型居宅介護施設 ひつじ雲

設立年：平成18年

住　所：〒212-0011
　　　　神奈川県川崎市幸区幸町4-18-8

電　話：044-522-4910

社会福祉法人

ライフ・タイム・福島

まずは初任者研修を無料で！技術や経験を生かしてシニアの"働きがい"を創造

 介護の知識を提供して福祉でつながる地域コミュニティを

社会福祉法人ライフ・タイム・福島では、地域包括ケアシステムに則った地域コミュニティの実現に向けて、平成26年より介護職員初任者研修を無料で受けられる機会を提供しています。その経緯を事務局長の森重勝さんに聞きました。

「きっかけは東日本大震災です。市内の若い働き手が減り、いつ人手不足に陥るか分からないという危機感がありました。一方でシニアは住み慣れた土地を離れず、元気な方がたくさんいる。そういう方々が介護の世界に入ってきてくれるといいんですけどね。でも日本人はボランティアに慣れていなくて、役には立ちたいけどお金をもらうのは気が引けるという方が、特にシニアは多いと思います。そこでまず、初任者研修を無料で受けて介護の基礎的な知識や技術を身に付けていただき、有償ボランティアのようなかたちで働いてみませんか？　と。そんなふうに地域の皆さまにおすすめしています。毎年25～30名の方が受講し、そのまま介護助手として働くシニアの方が4～5名。私たちの事業所では芋煮会などで歓迎して親睦の機会を設け、職場に定着していただけるように努めています」

80歳定年制を採用して長く働ける環境を

現在シニアの介護助手は職員全体の約2割。長く働けるよう、平成28年に70歳まで定年を引き上げた後、現在は80歳を定年としています。ライフ・タイム・福島が運営する認知症対応型通所介護「フクチャンち デイサービスセンター」に勤務する加藤秀一さんは、今年80歳。まだまだ働きたいと意欲満々です。

「以前は週5日フルタイムで働いていましたが、昨年から週3日、1日8時間の勤務にさせてもらいました。もともとは送迎バスのドライバーです。今は風呂上がりの利用者さんの髪を乾かしてあげたり、洗った衣類を干したり。利用者さんと世代が近いから話し相手にちょうどいいみたいで、こっちも働いていて楽しいなと（笑）。家にこもっているより頭と体を動かしている方が健康に良いと思うから、元気なうちは働くつもりです」

 シニアの働きがいを見つけるのは企業の大切な役目

森さんは、加藤さんのような元気なシニアが介護の世界になくてはならない存在だと言います。

「介護の仕事には、掃除、環境整備、送迎、壊れたものを直すなど、シニアにできる周辺業務がたくさんあるんですね。だから加藤さんのように元気に長く働いてくれる方は貴重な戦力です。頼めば何でもきちんとやってくれるから、他の職員が"あの人に頼めばいいんだ"と自分たちでやるのを忘れてしまうので、そこは気を付けなければいけませんが（笑）。私は年2回、全職員と面接するんです。その中で現状や希望など本人の話をじっくりと聞きます。何が好きで、何がしたいか…シニアの働きがいを見つけることも、これからの企業の役目かなと思うんです」

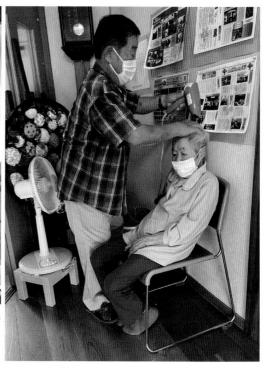

送迎ドライバーとして入職後、現在は入浴後の手伝い
など介護助手として仕事を続ける加藤秀一さん（80歳）

利用者の憩いの場となっているテラス

加藤さんが所属するフクチャンち デイサービスセンター。きれい
に手入れされた庭が利用者を和ませる

● DATA ●

社会福祉法人ライフ・タイム・福島
設立年：平成2年
住 所：〒960-1241 福島県福島市松川町字産子内1-1
電 話：024-567-5800（代表）

<スケッター>に学ぶ、人と仕事のマッチング術

成功の秘訣は、業務の切り出しテクと人の活かし方 ———

■「シェアリングエコノミー」が基本デザイン

人材が大幅に足りなくなることが見込まれている介護業界を、他の業界にいる人や今は仕事をしていない生活者が小さく支え、みんなでちょっとずつ福祉をシェアしあう社会になれば、その社会の恩恵をまたみんなで共有できる。これが、誰もが共に生き、共に幸せになるこれからの社会のデザイン。「モノもスキルも足りないものがあれば、みんなでちょっとずつ出しあっていこう」というのがシェアリングエコノミーの概念そのものです。

この考え方を介護の人材不足に適応させたのが㈱プラスロボの<スケッター>というマッチングプラットフォームです。介護の現場では専門的な教育を受けた人や、資格をもつ人のみが担う仕事は一部。あまり専門的ではなく誰でも担えるような業務もたくさんあります。これらの業務を上手く切り出して、みんなが隙間時間で「ちょっとずつお手伝い」をします。たとえば食事の配膳や洗い物、衣類の洗濯、繕い物、話し相手、施設内や居室の環境整備など。一部職員は施設運営のための広報や求人仕事も行っています。これらをすべて介護職員だけでこなしてきたので、負担が多すぎ、職員が疲弊してしまう図式になってきたわけです。

そこで<スケッター>は、右頁上のような4つの大きな仕分で業務を見直し、それぞれの分類の中にある多くの作業をひとつずつ切り出しています。

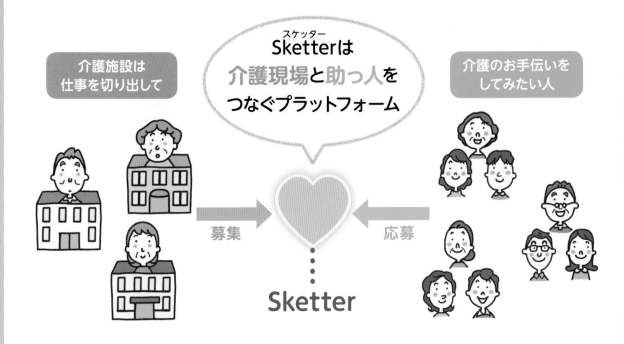

介護施設は仕事を切り出して

Sketterは介護現場と助っ人をつなぐプラットフォーム

介護のお手伝いをしてみたい人

募集　応募

Sketter

業務サポート　　レク　　コミュニケーション　　イベント

■「お手伝いカタログ」が人と仕事のマッチングボード

左頁下図のように、助っ人がほしい介護施設が＜スケッター＞に登録し、人を募集。その求人を見て、自分にできそうな仕事と条件があれば、求職者が応募。これだけではごく普通の求人サイトにすぎません。

しかし、＜スケッター＞で募集する仕事は介護の仕事と言ってもどんな施設のどの分野で、どんなお手伝いをするのか、業務の切り分けが細かく明確でなければなりません。介護業界以外の人が、これなら自分でも隙間時間にお手伝いできるとすぐにわからなければ、「介護施設というだけで大変そう」と思われてしまい、「お手伝い」のシェアリングが成立しません。

そこで、＜スケッター＞は、多数の登録法人に足を運び、具体的にどんな業務が行われているのかを見える化し、**80種類を超える業務に切り分けた「お手伝いカタログ」で人と仕事をつないでいます。**

しかも施設側にはただ求人をするのではなく、①施設の魅力を伝え、地域で人材を掘り起こす、②チラシ作りやイベントの運営、衣類の繕い物や備品の営繕等、職員がやると負担の大きいことを、得意な人にやってもらうという発想、③職員と助っ人は対等という共通認識が求められ、職場の意識が開放的で、互いに尊重し合う空気が育ちます。

● 「お手伝いカタログ」にはストーリーがある ●

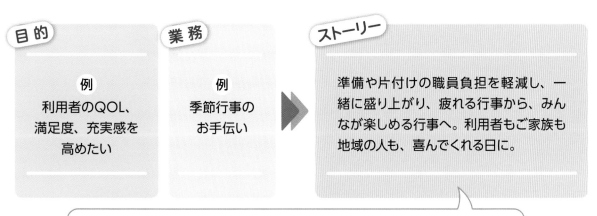

目的	業務	ストーリー
例 利用者のQOL、満足度、充実感を高めたい	例 季節行事のお手伝い	準備や片付けの職員負担を軽減し、一緒に盛り上がり、疲れる行事から、みんなが楽しめる行事へ。利用者もご家族も地域の人も、喜んでくれる日に。

80種類以上にも切り分けられた周辺業務に、このようなストーリーがついているので、その業務をこなす意義や価値を感じて働けます。

■ 定期的な勤務ではなく、プロジェクト型のお手伝いも可

お手伝いカタログを使って施設内にある周辺業務を切り出すことによって、日数あるいは時間単位だけではなく、プロジェクト単位での人材募集をすることもできます。

例えば、YouTubeチャンネルやSNSアカウントを立ち上げて運用したいけれど、現場の職員にはノウハウがないし、あまり時間を割けないという場合には、施設の広報を担ってくれる人材を募集。パソコン操作が苦手な職員が勤務終了後に時間をかけて書類作成をしているような場合には、資料や書類を作成する業務を担ってくれる人材を募れば良いのです。介護職員ならではの業務を手伝ってもらうというよりも、苦手なことや十分に手が回っていなかったことを切り出して継続的に担ってもらう

というイメージです。

定年退職を迎えてリタイアした高齢者には、他の職場でも職務遂行に活用できる持ち運び可能なスキル（＝ポータブルスキル）を身に付けている人が少なくありません。その多様なポータブルスキルを活かしてもらうことは、福祉の業界にかかわるハードルを下げ、多様な人材を呼び込むきっかけにもなります。現役を引退したシニアが地域のなかで新たな居場所を見つけ、役割をもつ支援にもなります。

ガーデニングが趣味の方、利用者様と一緒に草花のお手入れを手伝ってください。(**あるデイサービスの求人より**)

「当施設の職員の仕事ぶりを伝えるお手伝い」という募集が魅力的で、趣味のカメラを活かして施設内の様子を撮影する仕事をさせてもらいました。求人コピー通り、素敵な人柄のスタッフばかりでした。(**ある特別養護老人ホーム体験レポートから**)

地域の夏祭りに出店している施設のお手伝いをしました。そこのブースでは地域の子どもたちも入って、「人生福祉すごろく」という遊びをしていました。介護っぽくない仕事の体験をしながら、そんなかたちで地域に出ていくのもいいなと思いました。(**ある老健の体験レポートより**)

ここにご紹介しているのは、＜スケッター＞のWEBサイトに掲載されているお手伝い体験レポートや、お手伝い募集ボードから一部引用改変しているものです。自分の好きなことを活かしながら、よい施設と出会う経験がその施設の発展にもなり、働き手にとっては介護のイメージが変わる機会になることがよくわかります。

数々の自治体等が＜スケッター＞の取り組みを導入

介護の経験も資格もない人々が少しずつ自分のできること、得意なことでお手伝いをし、それが自分たちの新しい世界を広げ、喜びにもなるというしくみは、マッチングさえ上手くいけば持続可能な社会全体の力になる可能性を秘めています。

この数年、＜スケッター＞の取り組みを導入したいという全国の自治体等からの依頼も増えているそうです。自治体の担当者からだけではなく、社会福祉協議会やボランティアセンター、社会福祉法人からも相談が寄せられています。

すでに、神奈川県川崎市社会福祉協議会の福祉人材バンクや、広島県府中市、静岡県西伊豆町と連携体制を組んで、福祉と関わりのなかった潜在的関心層の掘り起こしが始まり、成果を出しつ

つあります。

また、令和5年1月からは、新しく茨城県大子町と提携して、町内の介護施設における周辺業務をサポートする地域人材のマッチングが開始されています。地元の高校や、社会福祉協議会のボランティア団体などとも連携し、学生層からアクティブシニア層まで、気軽に参加することができる多世代参加型のお手伝いスキームが展開されています。これこそ介護現場における多様な働き方の構築につながる取り組みといえるのではないでしょうか。そして、ボランティアの隙間ワーカーから、やがてパートの雇用になり、スタッフとして定着していく例も増えています。

限られたパイの中で人材を流動させるビジネスモデルが一般的

正社員
（雇用）

パート・アルバイト
（雇用）

潜在人材の掘り起こし、確保が可能

🔷 Sketter
隙間ワーカー（非雇用）

介護にかかわるハードルを下げて多くの人材を
呼び込める点が＜スケッター＞の新規性

仕事が休みの日に＜スケッター＞を利用して、自宅の近くにある施設でボランティアをたまにしています。実は、最近、母親も＜スケッター＞で一緒に施設のお手伝いをしています。

娘に誘われ、介護施設で簡単な作業をするお手伝いをしています。多くの利用者さんへの食事の配膳・下膳を担当していますがレストランで働いていた時の経験が活かせるので嬉しいです。実は、来月からパートとして雇用してもらえることになりました。

令和時代における互助インフラの構築を目指して

㈱プラスロボ　代表取締役CEO　鈴木　亮平

　<スケッター>立ち上げの背景にあるのは、圧倒的な介護人材不足です。国の試算によると、2025年に32万人、2040年には69万人の介護職員が不足します。需要と供給のバランスが著しく乖離していくなか、もはや介護業界だけで対応するのは難しいと考えました。福祉の現場では特殊な訓練を受けた人や、資格をもつ人でないとできない仕事は一部です。そうした業務を切り出すことによって、業界外の人も関わりやすくできると考えました。

　介護施設における周辺業務を切り出して、それを地域の住民に担ってもらうという<スケッター>のビジネスモデルは「令和の互助インフラ」であると考えています。シェアリングエコノミーの概念そのもので、「足りないのであれば、みんなでちょっとずつ出し合おうよ」という考え方です。地域で上手くカバーしあえる互助インフラを令和の時代に合ったスタイルでつくっていくことを目標にしています。

　かつて、日本には、生活に根ざした「ご近所コミュニティ」があり、それが地域福祉のセーフティネットとしても機能していました。しかし、近所づきあいによる助け合いの文化は少しずつ見られなくなってしまいました。そのため、現代の価値観に合わせて、コミュニティの中に助け合いの文化を再構築する必要があると考えています。この時、助け合うのは物理的な意味での「近所」である必要はありません。地理的な距離や属性をこえて、介護施設が抱えている困りごとをシェアできれば、地域の持続可能な福祉インフラになります。

　そんな令和版の「助っ人文化」を根付かせる文化醸成の役割の一端を担うことができたらいいなと思っています。

■介護福祉特化のスキルシェアサービス<スケッター>の運営

株式会社プラスロボ (plusrobo.co.jp)
https://www.plusrobo.co.jp
〒106-0031 東京都港区西麻布4丁目11-2-406　(TEL)050-5241-8694

第6章

私たちのまちの介護助手

介護助手等に特化した就職フェアを実施

名前は、
「介護サポーター HACHIOJI」

八王子市では、介護職機能分化等推進事業という名称で令和元年度より介護助手の導入に向けた取り組みにチャレンジしてきました。この事業自体は、すでに三重県の老健協会で一定の成果を見せており、導入すれば一定の効果が見込める見通しでした。

しかし、八王子市が旗を振っても、どのくらいの事業者が手を挙げてくれるのか、未知数でした。そこで、特定非営利活動法人八王子介護保険サービス事業者連絡協議会の協力を得ました。介護助手のスキームにマッチしやすい事業形態があるのではないかと考え、施設系のみならず、居宅系なども含めた市内の7事業所を選んでモデル事業を実施しました。

市民には、令和元年9月と令和2年1月に一般的な就職フェアとは異なる福祉系に特化した就活イベントを実施し、「介護サポーターHACHIOJI」というキャッチーな名称でサポーターを募集。明るくて誰でもできそうな、敷居の低い雰囲気のネーミングにしたのがポイントです。

ユニフォームを着ると
仕事モードになる

介護サポーターを受け入れるにあたり、それぞれの法人内で受け入れ体制の検討が始まりました。受け入れを行う施設では、指導担当者などを中心に、介護サポーター育成体制の構築も行われました。

受け入れに際して、ある施設では、介護サポーター用にかっこいいデザインのユニフォームを作ったそうです。このユニフォームに袖を通したシニアの多くが、着替えた瞬間にピッと仕事モードに切り替わって、気合いが入るというのです。服一枚であっても、自らが必要とされている、頼られていると感じてもらえるような工夫や仕掛けを考えることが重要です。

振り返りノートを用いた
フィードバックを実施

八王子市ならではの取り組みとして、「振り返りノート」の活用があります。介護サポーターのシニアに対しては、毎週1回の面談と「振り返りノート」を活用したフィードバックを行っています。

介護施設において働くことは、他の働き方よりも組織的活動としての側面が強いです。そのため、介護サポーターが日々の業務のなかで感じている困りごとや課題について、指導係の職員等と共有をすることで適切なアドバイスを受けられるため、次の仕事に活かしていくことができます。

また施設側にとっても、面談内容や振り返りノートの記載から、仕事の切り分けが適切に行われているか、職員の業務負担軽減につながったか、検証することが可能になりました。いくつになっても地域とつながり、活躍するシニアがまちを元気にする八王子を目指して、介護サポーターおしごと相談会は現在も継続中です。

● 募集のための就職フェアチラシ ●

令和元年度のモデル事業実施以来、毎年行っている介護助手おしごと相談会のチラシ(左:令和3年度／右:令和4年度)。受け入れ側の介護事業所も毎年新しい法人が参加している。ある法人では、説明会後のマッチング面談を行い、業務内容を丁寧に説明することで人材の定着につなげている。

● 介護サポーターのユニフォーム ●　● 振り返りノート ●

着る人も職場も
パッと明るくなる
デザインが好評。

管理責任者とシニアが
定期的に面談。いきなり口では
言いにくい悩みも伝えられる
有効なツールになっている。

兵庫県宝塚市&大阪府摂津市などへの波及 ─────

市民目線による工夫で広がる 高齢者就労のカタチ

NPO法人 健康・生きがい就労ラボ 理事長
大阪ガスネットワーク㈱ エネルギー・文化研究所
兵庫県地域支援事業アドバイザー　**遠座　俊明**

自治体と市民の協働による 健康・生きがい就労トライアル事業

　宝塚市ではWHOが提唱するエイジフレンドリーシティ推進の一環として平成30年に市民を中心とした「お互いさまがあふれるまちづくり縁卓会議」が発足。ここから市民の提案で始まったのが「健康・生きがい就労トライアル」事業です。

　定年退職後に居場所のない人が多く、人材が活かされていない一方で、介護施設など福祉分野では深刻な人手不足。この2つをつなげることで一石二鳥の事業になるというアイデアです。80歳くらいになっても無理なく短時間働くことで元気・健康を維持でき、貢献も感じながらおこづかいも稼げる仕組みが地域にあったらいいな、という市民の思いをかたちにしたものです。この市民都合の働き方ニーズに対し、慢性的な人手不足で困っている福祉分野の事業者から就労場所提供の手が挙がり、施設の担当者と未経験・無資格のシニア市民でも可能な仕事の切り出しと事業フレームを検討しました。

健康・生きがい 就労トライアル事業の進め方

　本事業は、以下の順に実施されます。

1 トライアル参加事業者の募集と求人数の決定

　自治体から事業者（施設）に事業参加の呼びかけがあり、関心を示された事業者向けに自治体主催の事業者説明会を開催します。

　参加事業者とその求人数が見えた段階で、市報などに参加者募集記事を掲載します。

2 高齢市民向けトライアル参加者募集説明会

　自治体主催で以下の内容で説明会を行います。
- 主催自治体から事業の趣旨説明
- 軽就労の効用など参加者啓発のための講演
- 受け入れ実績のある事業者からの取り組み紹介
- ハローワークからの事務（求職票提出）説明
- 全体説明終了後の会場内の各事業者ブースにおける市民への仕事内容などの紹介と質疑
- 参加希望市民からハローワークへ参加申込み（希望事業所名等を記した簡易求職票）提出

3 各事業者による現地見学会

　現地見学を希望された市民に対し、施設を案内し仕事内容を具体的に説明します。賃金、交通費支給の有無など就労条件の説明や、質疑を行い、最終的な希望者とは簡単な採用面接と就労希望の時間帯や曜日などのヒアリングを行います。

4 3カ月トライアルの実施

　事業者と就労者の間で仕事内容、曜日、時間帯の調整を行い、就労トライアルが始まります。3カ月間の就労トライアルの終了後、事業者と就労者が双方合意すれば、パート就労が継続されます。

NPO法人"健康・ 生きがい就労ラボ"の設立

　宝塚市の健康・生きがい就労トライアル事業は、令和2年11月に厚生労働省が推進するスマート・ラ

● 市民向け就労トライアル説明会風景（宝塚市）●

全体説明会終了後の各事業者ブースでの個別説明会

全体説明会

就労トライアル中の参加市民

健康・生きがい就労トライアル
《参加のハードルを下げる5つの工夫》

❶ プチタイム就労
1日2〜3時間から、週1日でもOK

❷ 80歳未経験シニアでも可能な仕事内容
雇用事業者との仕事の切り出し

❸ 3カ月トライアル（お試し）期間の設定
 実際働いてみて、(働く方も 雇用者も)
こんなはずじゃなかった!のミスマッチを回避

❹ 活動することへの動機付け（啓発）と高齢者の心に響く行動喚起の呼びかけ
・活動しているから元気・健康!(生活不活発病の理解)
・身近な地域と大きな社会課題への貢献

❺ 高齢市民が安心して参加できる枠組み"自治体事業"
但し、就労契約は市民と事業者間で行い、自治体はほとんど費用がかからない

〈宝塚市健康・生きがい就労トライアル事業の受賞〉

NPO設立の契機となった
第9回健康寿命をのばそう！アワード
厚生労働省老健局長優良賞（自治体部門）

受賞理由

参加高齢者だけでなく人手不足業界も支援するWin-Winの活動として"全国に拡げるべきモデル"

参加ハードルを下げた工夫が評価された
アジア健康長寿イノベーション賞
準大賞（令和4年 自立支援部門）

受賞理由

就労のハードルを低くし、高齢者の社会参加を積極的に支援している点を評価

イフ・プロジェクト「第9回健康寿命をのばそう！ア
ワード（自治体部門）」で老健局長優良賞を受賞。
これをきっかけに翌令和3年春、他自治体等への広
域的、持続的な支援を可能にするために、市民が
主体となって「NPO法人健康・生きがい就労ラボ」
を設立しました。このNPOは、縁卓会議の健康・
生きがい就労部会に参加していたキャリアコンサル
タント、介護事業所の施設長経験者、ジェロントロ
ジー（老年学）を学んだ市民など20〜70代で構成
されています。
https://lifespiceworks.com

就労トライアルの実績、参加市民の声

　宝塚市では令和元年度に2回目の介護サポーター
トライアルを実施し、計10施設で70名の市民が3
カ月トライアルに参加しました（ほかに1保育園で試
験的に5名の保育サポータートライアルも実施）。そ
して7割を超える方々が3カ月後も就労を継続する
という成果があがりました。3カ月トライアルへの
市民の参加は20〜30名もあれば良しと話し合って
いた関係者の予想を大きく超える結果でした。

　3カ月トライアル後のアンケートには、次のような
コメントが多数記載されていました。
● 生活のリズムもでき、少しおこづかいも入り、充
　実した日を過ごせています。
● 高齢になっても地域で就労・活躍できる機会を与
　えていただき生きがいになっています。
● 退職後はおよそ10年のブランクがあり、就業に
　少し不安があったので、良い機会だった。職種が
　広がれば嬉しいです。

● 家でテレビばかり見てボーッとしていてもしょう
　がない。誰ともしゃべらない日もあり、これじゃ
　いけないと思っていました。
● 職場の若いスタッフの手の回らなかったことや年
　の功で気づいたこと等、少しでもお手伝いができ
　たことに満足感をおぼえ、喜んでいます。
● 「ボランティアよりパートとして働く方が充実する
　よ」という知人の言葉に、その通りだと思った。

県外からも関心が寄せられ、大阪府摂津市へ広がる

　宝塚市の就労トライアル開始を知った摂津市高
齢介護課から、「市のアンケート調査でも生きがい
で『働くこと』が上位なので、働く機会を設けて高
齢者の生きがいをつくり、介護人材の確保にもつな
げたい」と導入協力の要請があり、摂津市の市政
運営基本方針にも「摂津市健康・生きがい就労トラ
イアルの創設」が記載されることになりました。

　令和3年度は、コロナ禍の波の間隙を縫ってデイ
サービスセンター2カ所、グループホーム1カ所の計
3カ所で計9名の3カ月トライアル就労が実施され、
終了後、腰痛で継続不可という方以外の8名がその
後も継続就労を行うという成果が出ました。

　令和4年度については、12月に事業所向け説明
会が開かれ、6事業所から計25名の求人が出され
ました（令和5年1月現在）。

　このほか、大阪府の他の自治体でも今後の本格
展開を見据えて、令和4年度に特別養護老人ホーム
1カ所で試験的に就労トライアルが実施されたほか、
府県レベルでも健康・生きがい就労トライアルの事
業手法採用の検討が始まっています。

● 市民向け健康・生きがい就労トライアル参加者募集記事、チラシ ●

元気なシニアを大募集！
健康・生きがい就労トライアル募集説明会を開催
Ⓘ 1029257

年齢を重ねても自分らしくいきいきと暮らせるまちの実現に向けて、シニア世代が介護や保育の現場で働く若者をサポートする、健康・生きがい就労トライアルの募集説明会を開催します。

就労トライアル

期　間	3月・4月から3カ月間	
内　容	食堂スタッフ、浴室の準備・片付け、シーツ交換、清掃、物品の在庫管理など	

日　時　1月24日㊋13時半～15時半
場　所　中央公民館ホール
対　象　おおむね60～80歳の人　　定　員　先着35人
申し込み　1月10日㊋9時半～20日㊎17時に二次元コードまたは電話で地域福祉課へ

地域福祉課（☎ 77・0653 ⅻ 71・1355）

9 広報たからづか No.1307　令和5（2023）年1月号　☎ ⅻ ／市外局番の記載のないものは（0797）です

宝塚市 健康・生きがい就労トライアル説明会参加者募集記事"広報たからづか令和5年1月号"より
※毎回、募集開始後数日で申込み者数が定員に達するため、チラシ等は作成していない。

摂津市 健康・生きがい就労トライアル説明会参加者募集チラシ（左が表、右が裏面）

きめ細やかなマッチングで
シニアと介護事業者をつなぐ

厚労省の受託事業でシニアの 生きがい就労をバックアップ

東京23区に通勤して定年を迎える男性も多い柏市では、平成21年から「生きがい就労事業」としてシニアの就労や社会参加への支援活動を行っています。厚生労働省が平成28年に募集した「生涯現役促進地域連携事業」にも、柏市のほか8つの関係団体から成る「柏市生涯現役促進協議会」を立ち上げていち早く応募し、事業採択されました。この協議会では、セミナーなどを通して仕事のきっかけづくりを手伝う「入口」、仕事を開拓しニーズを高める「出口」、働きたいシニアと事業所をつなげる「マッチング」の3つを柱にシニアの就労支援を行っています。

業務の細かい切り出しが 介護助手への就労定着の秘訣

現在、柏市では特養の8〜9割で介護助手を採用しており、シニアが重要な働き手として活躍しています。それでも、介護業界になじみがなく、初めて就労を考えている人には、「自分にできるのか」「どういう仕事なのか」と不安です。そこで力を入れているのが、仕事の切り出し（切り分け）作業です。「入浴介助の補助」より、「入浴時のタオル・衣類の準備」など具体的な切り出しのほうが「それならできる」と理解されます。

介護助手の仕事へのマッチングは、まず各施設に、1日の仕事内容を細かく分けて手伝ってほしいことを洗い出し、シートに書き出してもらうことか

らスタートしました。また、介護助手の仕事に親しみやすさを感じてもらうため「初めての介護サポート」という名称で募集を行っています。

早くから生きがい就労に力をいれてきた柏市には、現在の「就労的活動支援コーディネーター」の配置が促される前から、事業所と働きたいシニアをつなぐコーディネーターがいます。コロナ禍で機会が減ってはいますが、できる限り多くの施設に足を運び、現場を見学して「こういう仕事ならできるのでは」「こうした人材が必要なのでは」といった仕事の掘り起こしや見直しの作業もしています。介護は人で成り立つサービスです。仕事現場との会話を重ねながらお互いの信頼を深め、実績を積み重ねていくことを大切にしています。

シニアと事業所をつなぐ 窓口とネットでのマッチング

就労の相談窓口は柏駅前の商店街にある「パレット柏」内の窓口のほか、「かしわ生涯現役ネット」というホームページにも求人情報を掲載。また、介護をテーマにしたセミナーでは、仕事内容の紹介や、シニア自身の介護助手体験談も交え、「リタイア後は地域とかかわる仕事がしたい」「週に数日、1日数時間だけ働きたい」というニーズにぴったりの仕事が介護分野には数多くあることを周知しています。

就労は人生を充実させる手段と捉え、仲間づくり、生きがいづくりを支援し続けている柏市。ただ家にいるより、働き始めて「白黒の人生がカラーになった」とおっしゃった方もいたそうです。

● かしわ生涯現役窓口 ●

定年退職前後や新たに仕事や活動をスタートしたい
方、シニア人材を活用したい方の相談窓口を運営。

● かしわ生涯現役ネット ●

ホームページには、シニアの活躍の場に関する様々な情報が。

● かしわ生涯現役セミナー ●

柏市生涯現役促進協議会では、介護助手など多様な働き方で社会参加するシニアを紹介し、さらにその雇用事業者からの声を通じていかにシニアが現場で活躍しているかを伝える冊子も制作。先人たちの事例を見ることで、後に続くシニアも安心して、セカンドライフデビューができます。

セミナー等も定期的に開催し、常に介護サポートの仕事への理解と関心を高めている。

柏市生涯現役促進協議会 事務局
〒277-0005
千葉県柏市柏1-7-1-301号パレット柏
電話：04-7157-0282

柏市の「多様な働き方（介護助手）」導入が上手くいっている陰には、目配りの細かいコーディネーターの存在が。希望同行で見学に行くと、皿洗いは立ちっぱなしで無理かもしれないけれど、配膳下膳ならできそうとなり、自分のできる仕事につけるので、続くようです。

福岡県

介護現場における
チームケア実践力向上推進事業

■ 介護助手等導入モデル事業

　福岡県では、令和2年度から「介護職チームケア実践力向上推進事業」という名称で介護助手の普及に関する事業を行っています。より多くの介護人材が参入できる環境を整え、定着させていくため、介護事業所で専門職が担っている周辺業務の切り分け・切り出し・業務の効率化などを行い、多様な働き方の導入を促進するためのモデル事業です。

　毎年、県内4地区（福岡地区、北九州地区、筑豊地区、筑後地区）から各1施設ずつ事業所を選定。民間のコンサルティング会社の協力を得て、各施設の実情や地域性に合わせ、様々な導入のポイントと雇用状況をモニタリングしながら、スムーズな受け入れと、専門職も介護助手も働きやすい環境整備を行っています。モデル事業者には、介護助手導入のための諸経費やOJT研修などによる育成に対して最大350万円（補助率10分の10）の補助金が交付され、令和2年度は15施設、令和3年度は17施設の応募がありました。

■ カフェのスタッフをイメージして
チャレンジしたモデル事業所

　令和3年度にモデル事業所に選定された久留米市の通所リハビリテーション施設ではコンサルティングによる業務の切り分けから始まり、実際に3名の介護助手（40〜50代の女性）を雇用しました。業務切り分けの一番大きなポイントとしたのは、専門職が「専門業務に集中できる」ことを目的とし、

介護助手に「"介護"としての見守りは求めない」と専門職との境界を明確にすることで、安心して働ける条件を整えたことでした。

　求人チラシもデイケアのホールをカフェに見立て、カフェ風ユニフォームをチョイス、家事の延長で行えるカフェスタッフの業務をイメージしてもらうことで親近感を得ることに成功しています。

　このように同じモデル事業でも事業所ごとの特色を生かしたイメージ作りで応募を募れば、そのチラシを見る地域の人々の施設へのイメージと理解の促進につながります。

県内の様々な取り組み例を公開し
介護助手の幅を広げていきたい

　県では、年に1度の実践報告会でモデル事業の導入事例を報告しており、オンラインで遠方からでも見られるようにしています。さらに、モデル事業に手を挙げる事業所を増やし、多様な働き方の介護助手導入を拡大するため、令和5年度からは、実践事例をホームページで公開する予定です。事例を積み重ねてストックし、公開していくことで、"様々なタイプの事業所、それぞれに適した多様な働き方が導入できる"ことを知ってもらい、まだまだ介護助手のちからを取り入れていきたいと意欲を示しています。

　介護助手がそのままパート職員として継続雇用されているケースも多く、令和2、3年度合計で11名がパート職員として定着しています。この定着の積み重ねが介護分野の底力になるはずです。

● モデル事業募集チラシ ●

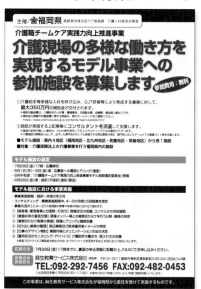

経費補助だけでなく、コンサルタントの派遣による支援も受けられるため、令和2年度も3年度もモデル事業へ多くの応募が得られたのも、福岡県の特徴です。

● 県内4地区 ●

多様な取組事例を創出するにあたって、施設が所在する地域の特性も1つの要素となるため、モデル事業に手を挙げた事業所から、各地区で1施設を選定。

● モデル事業実践報告から ●

医療法人聖峰会 介護老人保健施設 サンライフ聖峰 通所リハビリテーション デイケアセンターひまわり

デイケアのホールをカフェのホールと見立て、名前も「みのうカフェ」に。

カフェのホールスタッフ風で、おしゃれでかわいいユニフォームも。

業務時間は3パターンを提示

8:00〜9:00、11:30〜15:30、15:00〜17:00の3つ。朝に強いシニア、お昼前後が働きやすい子育て層など、多様な人材が働きやすい時間帯を考慮。

● OJT工夫のポイント ●

   配る

ホールの仕事を左の4つに分類し、それを表組にしてどんな作業があるかを説明。細々とした作業がたくさんあっても、これでわかりやすく理解でき、案外忙しくてもミスなくできたという声が。

県内の「実態調査」から始めた、介護助手対策を展開中

県内441事業所のうち約3割に介護助手が在籍

　介護の人材不足とその将来見通しは他県と同様、楽観視できるものではない長野県。令和17年には約6,100人、令和22年には約7,200人の介護人材が不足すると推定されており、介護現場の働き方改革として、元気高齢者など多様な人材による介護助手の活用も重要な実践課題です。

　県では介護現場の実態を把握するため、令和3年度に介護サービス事業所等を対象にしたアンケート調査を実施。441事業所から回答があり、その内介護助手が在籍している事業所は3割であり、介護助手の大半は60、70代でした。また、多様な人材の参入による介護助手等の導入を目指して、令和3年度からは基金を活用したモデル事業（補助基準額500万円：対象経費の3分の2以内）の募集もスタートしました。

メンターを配置して、人間関係を深め介護助手も職員自身も成長

　令和3年度には、生活支援を必要とする方が入所するグループホームからの応募が採択され、新たに5名が介護助手として採用されました。そのうち3名は就労しながら進学を目指す方などの10〜20代、2名は70〜80代のご夫婦でした。

　施設では受け入れ体制としてそれぞれにメンター（指導者）をつけ、なんでも話し合える人間関係づくりを重視したということです。20代の介護助手には同じ施設内で学習できるように勉強時間を確保し

たり、進学の様々なこともサポートしたり、成長を支えているところが生活も共にするホーム内事業所ならではの特徴かもしれません。

　介護助手導入の効果として、施設からは「職員に余裕が生まれ、これまで以上に利用者を離床させようという意識になった」「介護助手の方たちをどう成長させていくかという課題を通して、職員自身が成長した」という職員の意識の変化や成長を挙げています。

人口増になった長野県ならではの元気シニアの活躍を盛んにしたい

　コロナの影響もあってか県内への移住者が増え、長野県は、令和4年に22年ぶりに3,000人を超える人口の社会増を示しています。これらの人々の中には、地域の高齢者サポートを担ってくれる人材候補もいるはずで、しかも移住してきた方々が地域に溶け込む機会にもなると考えられます。

　そこで県では介護支援課の職員が施設を回って、基金を活用したモデル事業の取り組みを説明し、予算の不安を解消したり、活用事例を紹介して参考にしてもらったり、多様な働き方による介護助手の新たな導入を働きかけ、地域への声かけを奨励しています。さらに、長野県福祉人材センターや紹介派遣制度を活用した介護助手のマッチングや、長野県よろず支援拠点や長野働き方改革推進支援センター等の既存の機関も効果的に活用し、誰もがやりがいをもって働き続けられるようにと、今後の展望を掲げています。

● 県内の実態調査から［令和３年７月〜８月］●

介護助手の在籍
n=441

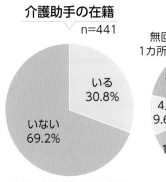

いる 30.8%
いない 69.2%

モデル事業実施前から継続雇用で約３割に在籍。

在籍人数
n=136

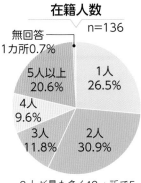

無回答 1カ所0.7%
5人以上 20.6%
4人 9.6%
3人 11.8%
1人 26.5%
2人 30.9%

２人が最も多く42ヵ所で5人以上が28カ所も。

性 別
n=399

男性 22.1%
女性 77.9%

女性が約8割。女性が活躍している。

年 代 別
n=399

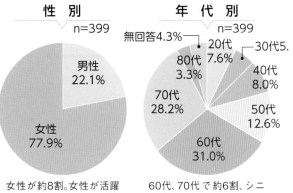

無回答4.3%
80代 3.3%
70代 28.2%
20代 7.6%
30代5.
40代 8.0%
50代 12.6%
60代 31.0%

60代、70代で約6割、シニアが活躍している。

勤続年数
n=399

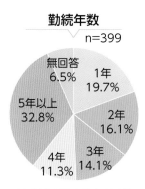

無回答 6.5%
5年以上 32.8%
4年 11.3%
1年 19.7%
2年 16.1%
3年 14.1%

5年以上が最も多く、長く働ける。

今後の雇用予定
n=441

雇用予定 14.5%
検討中 39.5%
雇用しない 46.0%

理由を見ると、基金の活用等の情報もさらに浸透させる必要が。また、すべて職員がケアする意欲は大切でも、事業所側の業務の機能分化やチームケアなど生産性向上の意識の醸成も必要。

［雇用しない理由（主な意見から）］

● 資金の問題
● 小規模施設で職員と介護助手の業務仕分けが難しい
● シーツ交換、配膳、見守り等について、利用者の変化を観察する目的から職員が行い、ケアプランの見直しにつなげているため
● 利用者の身の回りの間接業務もケアの一環と考えているため

「地域医療介護総合確保基金活用による多様な働き方」導入実施事業所

生活者ホームやファミリーホーム併設の「グループホーム陽気」

宗教法人天理教市丸分教会が経営する、認知症共同生活介護施設に様々な人々を助ける自立支援施設を併設。 人がつながり、助け合い、働きながら過ごす長期支援を目的に、下伊那の山々の緑を眺め、美しい自然環境や庭を愛でる暮らしを大切にしている施設です。

ご夫婦で介護助手に採用されたお二人は、施設周辺の清掃を中心に担当。好きな庭いじりが仕事に。

8年間にわたる介護助手の 導入実績から、さらなるステップへ

全国に先がけて介護助手導入 モデル事業をスタート

　三重県では、平成27年度より三重県老人保健施設協会が「元気高齢者による介護助手モデル事業」を開始し、他の都道府県に先駆けて介護助手導入の取り組みをスタートしました。同30年度には、「介護助手導入実施マニュアル」を作成し、事業所がモデル事業に取り組みやすいように支援しています。また、令和元年度からは「三重県介護助手導入支援事業」として実施し、介護助手の募集などに必要な経費として、1事業所あたり最大20万円の支援を行いました。

　同3年度からは、「地域医療介護総合確保基金」を活用して、「介護現場における多様な働き方導入モデル事業」を実施しています。同事業は、介護助手等の多様な働き方、柔軟な勤務形態を介護事業所にモデル的に導入することを通じて、効率的・効果的な事業運営の方法について研究を行いその成果を展開するもので、三重県老人保健施設協会に委託し、同4年度は申し込みのあった27施設を対象に実施しました。

介護助手等普及推進員を配置し マッチングの効率化を目指す

　また、令和4年度からは「介護助手等普及推進員」を、県社協の福祉人材センターに配置し始めました。県内の事業所に対してアンケート調査を実施し、前向きな回答をいただいた事業所へ推進員が働きかけています。今後は、推進員の働きかけにより高齢者と事業所のマッチングがより効率的に上手くいくようになり、補助金も活用することで介護助手導入の手助けになりそうです。

今後の自立支援介護と 新たな介護助手育成の課題

　これまで多数の介護助手が活躍している三重県では、モデル事業で雇用された方がそのままパート職員として定着している割合も多く、業務の効率化と専門職にかかる業務量の軽減により、職場の離職率抑制に働いていると多くの事業所が感じています。

　さらにこれからも、介護助手関連事業を事業者に向けてより分かりやすく周知していくことや、働きたい高齢者等に多様な働き方で活躍できることをしっかりと伝えていく必要があると、三重県医療保健部の担当者は考えています。

　また、介護助手を育成しながら、事業所全体のリーダー的介護職員の質を高めることが重要になっています。

　さらに老健施設においては、施設から自宅へ帰ってからの在宅介護のサポートや、回復した身体機能の悪化を防ぐリハビリのサポートが現在の不可欠課題であり、リハビリサポーターとしての介護助手が求められています。このような、介護助手活用の次へ向かう新しい課題を把握しながら、介護環境の向上と介護分野の人材確保に取り組んでいます。

● 三重県における「介護助手」導入の取り組み ●

H27年度	●三重県老人保健施設協会が 「元気高齢者による介護助手モデル事業」を開始
H30年度	●「介護助手導入実施マニュアル」を作成
R1年度〜	●三重県が「三重県介護助手導入支援事業」として実施
R3年度	●「介護現場における多様な働き方導入モデル事業」を開始
R4年度	●三重県社会福祉協議会に「介護助手等普及推進員」を配置

● 参加事業所事例 ●

【社会福祉法人あけあい会　大台町介護老人保健施設みやがわ】

シーツ交換を行う介護助手

　すでに複数の介護助手とリハビリサポーターが在籍し、入所施設には介護助手、デイケアはリハビリサポーターがいるため、令和3年度に新たな採用はなく、定年退職した専門職の職員がリハビリサポーターに転向。転向によりモチベーションが下がるのではないかという心配もあったが、直接業務にも一部かかわれるため、キャリアと経験を活かしている。

おわりに

藤原　佳典 東京都健康長寿医療センター研究所　副所長

　「少子高齢化に伴う生産年齢人口の減少」や「育児や介護との両立」などの課題を視野に入れ、平成30年に「働き方改革を推進するための関係法律の整備に関する法律」が制定されました。この要件である多様な人々による多様な働き方を実践する理想的な処方箋が、介護助手の取り組みだと言えます。

　第1章、第2章では、既に、多くの高齢者施設において、介護助手を導入している実態やその効果について紹介しました。とはいえ介護分野は、全人的ケアの名のもとで、1人の専門職が、すべての業務を担うメンバーシップ型雇用が長年の主軸でした。そこにジョブ型雇用の介護助手を導入する取り組みは、閉塞感のある日本のビジネス業界全体の画期的なモデルになりうると考えます。そこで、第3章から第5章では、これから介護助手を導入しようと検討している方に向けて、導入に向けての準備や心構えから、具体的な業務内容や勤務シフトといった流れを示しました。

　筆者は、介護助手を推進する際に、自治体の役割について質問を受けることがあります。第6章で取材に協力いただいた自治体は、共通して介護助手を介護人材の補填と位置付けているだけではないことが理解いただけたと思います。介護助手の多くは、施設の近隣住民です。むしろ介護助手の取り組みを高齢者の社会参加・社会貢献、さらには介護予防活動の新たな選択肢として位置付けています。高齢者施設が介護助手を介して、住民に親愛される地域のステークホルダーになるスキームも見えてきます。自治体にとっては、介護サービス事業の円滑な運営と社会貢献型介護予防事業の創出の両側面から地域包括ケアシステムを推進する戦略が見てとれるのではないでしょうか。

　本書を通して、介護助手が読者の皆さまの仕事にとって、心強い「助っ人」になることを確信しています。

おわりに

東 憲太郎 公益社団法人 全国老人保健施設協会 会長

　『厚生労働白書（平成30年版）』には、「一億総活躍プラン」のことと「働き方改革」のことが取り上げられています。そして、お年寄りも若者も障害や難病のある人も、家庭で、職場で、地域で、あらゆる場で誰もが包摂され、活躍できる社会を目指すと記されています。

　そのために実行しなければならないことの最大のチャレンジが、働き方であると明言しています。多様な働き方を社会が受容し、どんな人でも仕事をしながら社会参加できる時代の幕が切っておとされたのです。

　今私たちが生きている社会に、"社会的包摂（ソーシャルインクルージョン）"と"多様性"を導入することにより、より持続可能な社会になるということを、この1冊から感じ取れていただければ幸いです。

　2040年に向かって、さらに急ピッチで進むと言われている高齢社会の近未来予想図には、必ず介護分野の人材不足が大きな問題として登場します。「元気シニアが担う介護助手は、人材不足解消の切り札になる」。少なくとも、このことは伝えられたのではないかと思います。

　介護の現場で、シニアの介護助手がシニアだから醸し出せる空気感により要介護の人々の安心した笑みを誘い、「あなた明日はお休み？　明後日は来るの?」などと利用者から心待ちされている会話を見聞きすること、それだけでも私たちの未来が温かく、持続可能であることが伝わるのではないでしょうか。

　「介護助手」の実態と社会的役割を総体的に伝える、おそらく本邦初のこの1冊を最後までお読みいただきありがとうございました。

著者プロフィール

村山 洋史 東京都健康長寿医療センター研究所　社会参加とヘルシーエイジング研究チーム 研究副部長

　2002年東京大学医学部健康科学・看護学科卒業。2009年東京大学大学院医学系研究科博士課程修了(博士(保健学))。東京大学高齢社会総合研究機構、ミシガン大学公衆衛生大学院を経て、2020年東京都健康長寿医療センター研究所・専門副部長。2021年より現職。日本公衆衛生学会奨励賞、(公財)長寿科学振興財団長寿科学賞、日本疫学会奨励賞などを受賞。日本老年社会科学会理事、日本公衆衛生学会代議員、日本疫学会代議員。

藤原 佳典 東京都健康長寿医療センター研究所　副所長

　1993年北海道大学医学部卒業。2000年京都大学大学院医学研究科博士課程修了(医学博士)。京都大学医学部附属病院老年科などを経て、2000年から東京都老人総合研究所研究員、2011年同研究所研究部長、2023年より現職。日本老年医学会代議員、日本老年社会科学会理事、日本応用老年学会常務理事、日本世代間交流学会副会長、内閣府高齢社会対策の基本的在り方等に関する検討会委員ほか、厚生労働省の検討会委員、多数自治体の審議会座長等を務める。

東 憲太郎 公益社団法人　全国老人保健施設協会　会長

　1980年三重大学医学部卒業。三重大学附属病院胸部外科を経て、1989年有床診療所を開設、1991年医療法人緑の風を設立、1997年に介護老人保健施設「いこいの森」、2000年グループホームくつろぎの家、居宅介護支援事業所虹を開設、2014年6月に全国老人保健施設協会会長に就任。三重大学医学部非常勤講師、厚生労働省社会保障審議会介護給付費分科会委員・介護保険部会委員、厚生労働省医道審議会専門委員。

相良 友哉 東京都健康長寿医療センター研究所　社会参加とヘルシーエイジング研究チーム 非常勤研究員

　2013年西南学院大学法学部法律学科卒業。2022年12月筑波大学大学院人文社会科学研究科博士後期課程単位取得満期退学。在籍中の2018年より現職。日本公衆衛生学会ポスター賞、日本世代間交流学会奨励賞など。2022年に一般社団法人福祉KtoYを設立して、理事に就任。

高瀬 麻以 東京都健康長寿医療センター研究所　社会参加とヘルシーエイジング研究チーム 非常勤研究員

　2014年東京海洋大学大学院海洋科学技術研科卒業。2018年東京大学農学生命科学研究科修了(博士(農学))。同時に同大学リーディングプログラム「活力ある超高齢社会を共創するグローバル・リーダー養成プログラム」を修了。2020年より現職として勤務。日本公衆衛生学会ポスター賞等。

編著協力

萩原 真由美 ㈱社会保険出版社　顧問

ご存じですか？「介護助手」のちから
元気シニアが介護現場の人材不足を救う

2023年6月1日 初版発行

編著者　村山洋史　藤原佳典　東 憲太郎
発行者　髙本哲史
発行所　株式会社社会保険出版社
　　　　〒101-0064 東京都千代田区神田猿楽町1-5-18
　　　　TEL 03-3291-9841（代表）FAX 03-3291-9847
ISBN978-4-7846-0358-9
Printed in Japan　　ⓒ2023 社会保険出版社

Staff
デザイン：(株)溪／イラスト：うかいえいこ／取材・原稿協力：切替智子／
編集：大内星児（社会保険出版社）

書籍のご案内

"生活環境病"による不本意な老後を回避する －幸齢住宅読本－

住まいと住まい方のジェロントロジー研究会　編著

住まいの断熱性能と居住者の健康を調べた全国調査から判明した「生活環境病」。その医学的エビデンスをやさしく解説しながら、住まいのリスクを見直し、自宅で最後まで幸せに歳をとるための全国民必読の1冊。

定価 1,650 円（本体 1,500 円＋税）　A5判／ 132 頁カラー　令和5年6月発行　　　134081

2分の即興劇で生活習慣を変える！ －健康教育プログラム－

神奈川県立保健福祉大学大学院ヘルスイノベーショ研究科・イノベーション政策研究センター　監修
兪炳匡（ゆうへいきょう）　責任編著

即興劇を用いた保健指導が行動変容を促すと、注目されています。その具体的実施方法を分かりやすく学ぶ1冊。人は、言われても変われないのに、演じてみると自分の殻を破れる。説得力をもってそれを伝える本書をまず手にとってみてください！

定価 1,650 円（本体 1,500 円＋税）B5判／ 116 頁カラー　令和5年3月発行　　　135031

The リエイブルメント

樽見英樹・秋山弘子　特別寄稿
医療経済研究機構 国際長寿センター　編著

要支援者等が再び、自立した元の生活を取り戻す。欧米で始まった注目の短期集中予防サービス、リエイブルメント・サービスの驚くべき国内実証成果と導入アドバイス。総合事業の成果を出し、介護保険サービスの利用者減を目指す、実現可能なヒントがここに！

定価 1,320 円（本体 1,200 円＋税）A4判／ 72 頁カラー　令和4年8月発行　　　134071

PDCA を回す！地域を動かす！ コミュニティサポートブック

藤原佳典　鈴木宏幸　高橋知也　編著
東京都健康長寿医療センター研究所社会参加と地域保健研究チーム　監修

コミュニティ構築の担い手となる「住民主体によるグループ」の存在がますます重要視されています。研究と現場での経験に基づく知見を持つ著者が、グループ立ち上げや活動継続を支援する上で重要なポイントを、PDCA サイクルに基づき分かりやすく解説しています。

定価 1,870 円（本体 1,700 円＋税）　B5判／ 116 頁2色　令和4年 12 月発行　　　146015

健康長寿新ガイドライン エビデンスブック

東京都健康長寿医療センター研究所 健康長寿新ガイドライン策定委員会　編・著
東京都健康長寿医療センター　発行

1年にわたるテーマ別検討会の基盤となった、数々のエビデンスと討議内容をここに公開。新ガイドラインの根拠となった長年にわたる長寿研究を解説し、貴重な調査データが満載！健康長寿を求めた疫学研究の結晶の1冊で、すべての研究者＆支援者必読の内容です。

定価 1,980 円（本体 1,800 円＋税）　A4判／ 140 頁カラー　平成 29 年6月発行　社会保険出版社　発売　　867005

高齢社会の基礎知識 すぐわかる！ ジェロントロジー

ジェロントロジー検定試験
新公式テキスト

一般社団法人 日本応用老年学会検定委員会　編著

「少子高齢社会」の日本において、世代を超えて多くの人が支えあい、心豊かにいきいきとした人生を全うするために、大きな役割を担うジェロントロジー（老年学）の入門書です。高齢社会において必要不可欠な情報をコンパクトにまとめた一冊！

定価 1,650 円（本体 1,500 円＋税）　B5判／ 112 頁2色　令和元年6月発行　　　140031

●ご注文いただきました製品の発送にかかる送料は別途となります。

株式会社 社会保険出版社
http://www.shaho-net.co.jp　社会保険出版社　検索

お問い合わせ　TEL 03（3291）9841
東京都千代田区神田猿楽町1-5-18　〒101-0064
大阪支局 TEL.06（6245）0806 ／九州支局 TEL.092（413）7407